학교에서는 배울 수 없는 영어의 필수 요소

영어 관사 바로 알기

영어 관사 바로 알기
Demystifying the English Article System

지은이 유원호
펴낸이 임상진
펴낸곳 (주)넥서스

초판 1쇄 인쇄 2025년 8월 25일
초판 1쇄 발행 2025년 9월 1일

출판신고 1992년 4월 3일 제311-2002-2호
10880 경기도 파주시 지목로 5
Tel (02)330-5500 Fax (02)330-5555

ISBN 979-11-94643-67-8 13740

출판사의 허락 없이 내용의 일부를
인용하거나 발췌하는 것을 금합니다.
저자와의 협의에 따라서 인지는 붙이지 않습니다.

가격은 뒤표지에 있습니다.
잘못 만들어진 책은 구입처에서 바꾸어 드립니다.

www.nexusbook.com

학교에서는 배울 수 없는 영어의 필수 요소

영어 관사 바로 알기

유원호 지음

한국어에는 없는 영어 관사,
기본 개념부터
다양한 용법까지
완벽 정복!

넥서스

들어가는 말

1997년 여름. 미국 UC버클리 대학 심리학 전공 3학년이었던 저는 졸업 후 법학전문대학원에 진학하기로 하였습니다. 법학대학원에 입학하려면 LSAT(Law School Admission Test)라는 시험을 봐야 하는데 이 시험 중에 논리적 사고 능력을 측정하는 Logic Games가 특히 어려웠습니다. 문장 하나하나를 논리 기호를 사용해 정리하지 않고서는 풀 수 없을 정도로 어려웠죠. 고도의 집중력을 요구하는 문제들이었습니다. 그런데 저의 집중을 방해하는 녀석이 있었습니다. 바로 정관사 the였죠.

Logic Games를 푸는 데 정관사 the는 전혀 중요하지 않았습니다. 그런데 "왜 여기에 the가 쓰였지?"라는 의문이 들면 문제에 집중할 수가 없었습니다. 제 인생의 전환점이었죠. 정관사가 아니었다면 저는 영문과 교수가 아닌 변호사가 되었을 것입니다. 정관사를 이해해야겠다는 일념으로 1998년 가을학기 UCLA 응용언어학 대학원에 진학하였고, 다음 두 문장의 차이점에 관해 연구하기 시작했습니다.

ⓐ <u>Next week</u> will be fun.
<u>다음 주</u>는 재미있을 거야.

ⓑ <u>The next week</u> will be fun.
<u>다음 7일간</u>은 재미있을 거야.

많은 문법책이 next week(다음 주)와 last week(지난주) 앞에는 the를 사용할 수 없다고 합니다. 그런데 사실은 the를 사용할 수 없는 것이 아니라 the를 사용하면 의미가 변하는 것입니다. ⓑ에서처럼 the next week은 '다음 7일간'이 되고 ⓓ에서처럼 the last week은 '지난 7일간'이 됩니다.

ⓒ I was in Atlanta <u>last week</u>.   ⓓ I've been here for <u>the last week</u>.
  나는 <u>지난주</u>에 애틀랜타에 있었어.   나는 <u>지난 7일간</u> 여기에 있었어.

영어의 관사, 한국인들이 가장 어려워하는 문법 사항입니다. 이해는 하지 않고 'next week, last week 앞에는 the를 사용할 수 없다'라는 식으로 외우기만 하기 때문입니다. 이 책은 제가 지난 20여 년간 관사에 관련해 고민하고 연구한 내용을 담고 있습니다. 관사에 관해 풀리지 않았던 여러분의 많은 궁금증이 이 책을 통해 해소되기를 바랍니다.

저자 유원호

이 책의 구성 및 특징

■ Quiz
각 Lesson 도입부에 Lesson 전체 내용을 함축한 Quiz를 삽입하여, 배울 내용을 미리 생각해 보고 preview 할 수 있습니다.

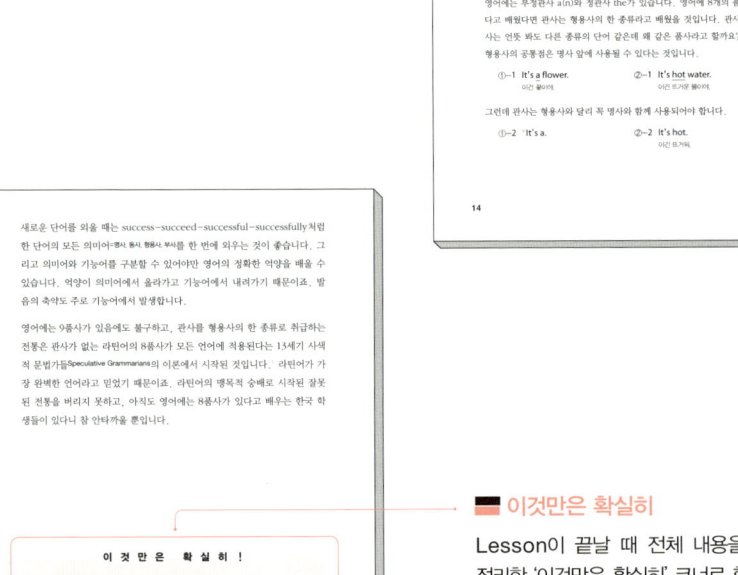

■ 이것만은 확실히
Lesson이 끝날 때 전체 내용을 요약하여 정리한 '이것만은 확실히' 코너로 학습 내용을 한 번 더 복습할 수 있습니다.

짧은 어구나 단문을 제외한 이 책의 모든 예문은 원어민에 의해 사용된 문장들입니다. 원서에서 직접 찾은 예문들은 주를 달아서 표시하였고, 코퍼스(Corpus of Contemporary American English(COCA), https://corpus.byu.edu/coca/)에서 추출한 예문은 각 예문이 사용된 연도와 장르를 표기하였습니다. 예를 들어 (COCA:2020:MAG)는 COCA 코퍼스의 popular magazines(인기잡지) 장르에서 2020년에 사용된 예문이라는 뜻입니다. ACAD, FIC, NEWS는 각각 academic journals(학술지), newspapers(신문), fiction(소설) 장르를 나타냅니다. 이 책에 제시된 COCA 예시의 빈도수는 모두 2025년 5월 기준입니다.

이 책에서 예시 앞 *표기는 틀린 표현을, ?표시는 어색한 표현을 의미합니다.

 목차

Part 1
관사 관련 생각거리

Lesson 01	관사는 무슨 품사지?	14
Lesson 02	부정관사는 두 개인데 왜 정관사는 하나지?	19
Lesson 03	관사는 해석하지 말라고?	23
Lesson 04	한국어 명사는 셀 수 있을까, 없을까?	26
Lesson 05	the는 '~은/는'과 비슷하다고?	29

Part 2
부정관사와 명사

Lesson 06	나한테는 명확한데 왜 a(n)를 써야 하지?	34
Lesson 07	고유명사가 불가산명사가 아니라고?	38
Lesson 08	data는 단수인가, 복수인가?	42
Lesson 09	영어에서는 돈을 셀 수 없다고?	49

Lesson 10	I love dog!은 왜 하면 안 되는 말이지?	54
Lesson 11	a piece of에서 piece는 '조각'이 아니라고?	58
Lesson 12	a dozen of bagels는 왜 틀린 말일까?	62
Lesson 13	a couple years는 맞는 표현인가?	66
Lesson 14	a half of와 half of 둘 다 맞다고?	71
Lesson 15	What kinds of watch가 맞는 말이라고?	75

Part 3

정관사

Lesson 16	처음 나오는 명사 앞에도 the를 쓴다고?	82
Lesson 17	언급된 명사와 관계있는 명사 앞에는 the를 쓴다고?	86
Lesson 18	상황에서 알 수 있으면 the를 쓴다고?	90
Lesson 19	뒤에서 꾸밈을 받는 명사 앞에는 항상 the를 쓰나?	94
Lesson 20	최상급에는 항상 the를 써야 할까?	100
Lesson 21	버스는 많은데 왜 the bus라고 하지?	105
Lesson 22	the reader가 모든 독자를 가리킨다고?	112
Lesson 23	page 4에는 정관사가 없는데 왜 the number 4에는 있지?	120

| Lesson 24 | 'the+형용사'가 추상명사도 된다고? | 126 |
| Lesson 25 | Captain America's shield 앞에는 정관사가 필요 없나? | 131 |

Part 4

관사의 생략과 무관사

Lesson 26	president는 가산명사인데 왜 앞에 관사가 없지?	136
Lesson 27	linguist Chomsky일까 아니면 the linguist Chomsky일까?	141
Lesson 28	live from hand to mouth에는 왜 관사가 없지?	145
Lesson 29	on the bus에는 관사가 있는데 왜 by bus에는 없지?	151
Lesson 30	the를 생략하면 감옥에 간다고?	156
Lesson 31	최상급에서 the를 생략할 수 있다고?	161
Lesson 32	the를 비교급에도 쓴다고?	165
Lesson 33	운동 앞에는 정관사를 안 쓰는데 왜 악기 앞에는 쓰지?	170
Lesson 34	the flu는 influenza와 같은 건데 왜 정관사를 붙이지?	176
Lesson 35	last week은 '지난주', the last week은 '지난 7일간'?	180

Part 5

고유명사와 관사

Lesson 36	'필리핀'은 왜 the Philippines일까?	188
Lesson 37	NATO에는 정관사가 없는데 왜 the WHO에는 있지?	192
Lesson 38	Reverend Kim 앞에 the를 쓰나 안 쓰나?	196
Lesson 39	Batman이 원래는 the Batman이었다고?	201
Lesson 40	셰익스피어도 관사가 헷갈렸다고?	207

관사 관련 생각거리

Food for Thought on Articles

Lesson 01 관사는 무슨 품사지?

Q a(n)와 the의 품사는 무엇일까요?

ⓐ 관사　　　ⓑ 형용사　　　ⓒ 한정사

A a(n)는 부정관사(indefinite article), the는 정관사(definite article)라고 하는데, 관사는 품사의 한 종류가 아닙니다. 그리고 a(n)와 the는 형용사의 한 종류도 아닙니다. 형용사는 명사를 꾸며 주는 단어인데 a(n)와 the는 명사를 수식하지 않고, 단지 명사의 지시 대상을 '한정'합니다. 따라서 관사는 'ⓒ 한정사'의 한 종류입니다.

영어에는 부정관사 a(n)와 정관사 the가 있습니다. 영어에 8개의 품사가 있다고 배웠다면 관사는 형용사의 한 종류라고 배웠을 것입니다. 관사와 형용사는 언뜻 봐도 다른 종류의 단어 같은데 왜 같은 품사라고 할까요? 관사와 형용사의 공통점은 명사 앞에 사용될 수 있다는 것입니다.

①-1　It's a flower.　　　　②-1　It's hot water.
　　　이건 꽃이야.　　　　　　　　　이건 뜨거운 물이야.

그런데 관사는 형용사와 달리 꼭 명사와 함께 사용되어야 합니다.

①-2　*It's a.　　　　②-2　It's hot.
　　　　　　　　　　　　　　　이건 뜨거워.

따라서 ①-2에서처럼 관사는 문장 끝에 올 수 없지만, ②-2에서처럼 형용사는 문장 끝에 올 수 있습니다.

①-1과 ②-1에서 a와 hot이 하는 역할도 다릅니다. 형용사 hot은 water를 꾸며주지만, 부정관사 a는 flower를 꾸며 주지 않습니다. 단지 flower의 지시 대상을 '불특정한 하나의' 꽃으로 한정하고 있습니다. 그래서 a는 형용사가 아닌 '한정사'입니다. 관사 외에 다른 중요한 한정사는 소유한정사와 지시한정사가 있습니다.

<주요 한정사>

ⓐ 관사	ⓑ 소유한정사	ⓒ 지시한정사
a(n) the	my, our, your, his, her, its, their	this / these that / those

모든 한정사는 명사와 함께 사용되어야 한다는 공통점이 있습니다.

③-1 Show me the money.　　③-2 *Show me the.
　　　　　　관사=한정사
　　　　내게 돈을 보여 줘.

따라서 ④-2에서처럼 my 뒤에 명사가 없으면 소유대명사인 mine을 써야 하죠.

④-1 I lost my bag.　　　　④-2 *I lost my. → I lost mine.
　　　　소유한정사　　　　　　　　　　　　　　　　　　소유대명사
　　나는 내 가방을 잃어버렸어.　　　　　　내 것을 잃어버렸어.

반면에 지시한정사는 ⑤-2에서처럼 같은 단어가 대명사로도 사용됩니다.

⑤-1 She wants this car.　　⑤-2 She wants this.
　　　　　　지시한정사　　　　　　　　　　　지시대명사
　　　그녀는 이 차를 원해.　　　　　　그녀는 이것을 원해.

한정사는 또 전치, 중치, 후치한정사로 나뉩니다. 관사, 소유한정사, 지시한정사는 모두 중치한정사입니다.

〈한정사의 종류〉

전치한정사	중치한정사	후치한정사
1. all, both, half 2. once, double, three times 등	1. 관사 2. 소유한정사 3. 지시한정사	1. 서수&기수(first, second & one, two 등) 2. 대다수의 수량사(many, few, several 등) 3. same, other, former, latter, next, last

⑥에서처럼 각 범주의 한정사가 모두 하나씩 문장에 사용될 수 있습니다.

⑥ All the other children are watching TV.
　　전치 중치　후치
　　다른 모든 아이는 TV를 보고 있어.

전치한정사와 중치한정사는 연이어서 사용할 수 없지만, 후치한정사는 연이어서 사용할 수 있습니다.

⑦ I'll give you the same two gifts.
　　　　　　중치　후치　후치
　　너에게도 똑같은 두 개의 선물을 줄게.

대다수의 한정사는 대명사로도 사용될 수 있습니다.

⑧ She ate only half the salmon. = She ate only half.
　　　　　한정사　　　　　　　　　　　　　대명사
　　그녀는 연어의 절반만 먹었다.

⑨가 비문인 이유는 same이 형용사가 아니기 때문입니다.

⑨ *They're same. → They're the same. → They're the same gifts.
　　　　　　　　　　　　　대명사　　　　　　　　　　　한정사
　　다 같은 선물이야.

후치한정사인 same같은, other다른, former전자의, latter후자의, next다음, last마지막는 모두 정관사와 함께 사용되어야 합니다. 뒤에 명사가 없으면 대명사로 사용된 것입니다.

다음 표는 각 품사의 간단한 정의와 예를 정리한 것입니다. 문장 안에서 모든 품사는 문장의 의미를 전달하는 '의미어'와 문법적인 기능을 담당하는 '기능어'로 나뉠 수 있습니다. 단, 특별한 역할을 하지 않는 감탄사는 제외합니다. 잘 알려진 8품사에 한정사를 더하면 영어의 품사는 총 9개가 되겠죠.

<영어의 9품사>

	품사	간단한 정의와 예	
의미어	명사 noun	사물의 이름	cup, radio, gold, water
	동사 verb	동작·상태를 나타내는 단어	play, eat, sleep, love
	형용사 adjective	명사를 수식하는 단어	smart, good, deep, thick
	부사 adverb	동사를 수식하는 단어	well, really, soon, happily
	감탄사 interjection	감정을 나타내는 단어	oh, wow, oops, ouch
기능어	대명사 pronoun	명사를 대신하는 단어	I, you, she, they
	접속사 conjunction	연결해 주는 단어	and, but, or, so
	전치사 preposition	명사 앞에 위치한 단어	in, at, on, to
	한정사 determiner	명사의 지시 대상을 한정하는 단어	a(n), the, many, much

새로운 단어를 외울 때는 success-succeed-successful-successfully처럼 한 단어의 모든 의미어=명사, 동사, 형용사, 부사를 한 번에 외우는 것이 좋습니다. 그리고 의미어와 기능어를 구분할 수 있어야만 영어의 정확한 억양을 배울 수 있습니다. 억양이 의미어에서 올라가고 기능어에서 내려가기 때문이죠. 발음의 축약도 주로 기능어에서 발생합니다.

영어에는 9품사가 있음에도 불구하고, 관사를 형용사의 한 종류로 취급하는 전통은 관사가 없는 라틴어의 8품사가 모든 언어에 적용된다는 13세기 사색적 문법가들Speculative Grammarians의 이론에서 시작된 것입니다.[1] 라틴어가 가장 완벽한 언어라고 믿었기 때문이죠. 라틴어의 맹목적 숭배로 시작된 잘못된 전통을 버리지 못하고, 아직도 영어에는 8품사가 있다고 배우는 한국 학생들이 있다니 참 안타까울 뿐입니다.

이 것 만 은 확 실 히 !

1. 영어에는 한정사를 포함한 9개의 품사가 있다.
2. 관사, 소유한정사, 지시한정사는 모두 중치한정사이다.
3. 모든 한정사의 뒤에는 명사가 사용되어야 하는데, 대다수의 한정사는 대명사로도 사용된다.
4. 'same'은 형용사가 아니고 정관사와 함께 사용되어야 하는 후치한정사이다.
   e.g. *They're same. → They're the same.

Lesson 02 부정관사는 두 개인데 왜 정관사는 하나지?

Q 다음 두 문장의 빈칸에 들어갈 관사는 무엇일까요?

ⓐ This is ____ ukulele.
이건 우쿨렐레야.

ⓑ I need ____ hour.
나는 한 시간이 필요해.

A ⓐ에 들어갈 관사는 a이고 ⓑ에 들어갈 관사는 an입니다. 반대로 생각하셨나요? ukulele는 모음 u로 시작하는데 왜 a를 쓰고, hour는 자음 h로 시작하는데 왜 an을 사용할까요? a와 an을 결정하는 것은 철자가 아니고 소리이기 때문입니다.

부정관사에 두 가지 형태(a와 an)가 있는 이유는 발음 때문입니다. '자음-자음' 또는 '모음-모음'처럼 겹쳐진 발음은 어렵습니다. 모든 언어는 자음과 모음이 번갈아서 나오는 발음을 선호하죠.

① I have a pen.
나는 펜이 있어.

② I have an apple.
나는 사과가 있어.

①에서 a가 사용된 이유는 pen이 자음 소리 /p/로 시작하기 때문이고, ②에서 an이 사용된 이유는 apple이 모음 소리 /æ/로 시작하기 때문입니다. *a apple처럼 모음이 겹치면 발음이 어려우므로 자음 소리 /n/을 추가한 것이죠. 발음 때문에 /n/을 추가하는 것이므로 단어의 철자와는 관계가 없습니다.

ⓐ에서 a ukulele가 되는 이유도 ukulele가 자음 소리 y로 시작하기 때문입니다. ukulele를 한국어로는 우쿨렐레라고 하는데 영어 발음은 '<u>유</u>껄레일리/ju:kəˈleili/'입니다. y 소리를 발음 기호에서는 /j/로 나타낸다는 것에도 유의해야 하죠. ⓑ에서 an hour가 되는 이유는 hour의 h가 묵음이라서 모음 소리로 시작하기 때문입니다. y 소리와 마찬가지로 w 소리도 자음으로 취급됩니다.

③ I've never seen a one-eyed man.
　　나는 <u>외눈박이 남자</u>를 본 적이 없어.

③에서 a가 사용된 이유도 one/wʌn/이 w 소리로 시작되기 때문입니다.

④ I have to go to the airport.
　　나는 <u>공항</u>에 가야 해.

④에서처럼 정관사가 모음 소리 앞에 왔을 때는 /n/을 추가하지 않습니다. 단지 the의 발음을 /ði:/로 바꾸죠.

그런데 뭔가 이상하지 않나요? the를 /ði:/로 발음해도 모음 소리가 연속으로 있으니까요. 그런데 the airport /ðiːˈerpɔːrt/를 연음해서 읽으면 두 단어 사이에 자음 소리 y가 삽입됩니다. 어떻게 y가 삽입되어서 모음이 겹치는 현상이 해결되는지는 단어 idea의 발음을 분석해 보면 알 수 있습니다.

⑤ idea /aiˈdiːə/　　발음 기호 = 아이디어　　실제 발음 = 아이디야

/aiˈdiːə/를 발음 기호대로 읽으면 '아이디어'가 됩니다. 그런데 네이버 사전에서 idea를 검색해서 발음을 들어 보면 마지막 소리가 '어'가 아닌 '야'로 발음된다는 것을 알 수 있습니다. '어'는 '야'로 두 단계를 거쳐 바뀌게 됩니다.

우선 /ə/가 단어 마지막에 오면 '아'로 발음됩니다. 강세가 없는 모음은 /ə/로 바뀌는데, 영어의 발음 규칙상 단어의 발음이 '어'로 끝날 수 없으므로 '아'로 발음됩니다. banana의 처음 모음과 마지막 모음의 발음 기호가 /ə/로 동일해도 실제 발음은 각각 '어'와 '아'로 나는 이유도 마찬가지입니다.

⑥ banana /bəˈnænə/ 　 발음 기호 = 버내너 　 실제 발음 = 버내나

그 다음, /aiˈdiːə/에서 장모음 /iː/와 /ə/가 연음되면서 y 소리가 삽입됩니다. 이 현상을 나타내기 위해 장모음 /iː/를 /iy/로 표기하는 책도 있습니다.² /aiˈdiyə/로 적으면 실제 발음과 같아지기 때문이죠. 마찬가지로 the airport /ðiy ˈerpɔːrt/에서도 /iː/를 /iy/로 표기하면 모음이 겹치지 않는다는 것을 알 수 있습니다. 그럼 ⑦에서 정관사는 어떻게 발음될까요?

⑦ The universe is still expanding.
　 우주는 계속 팽창하고 있다.

universe는 ukulele처럼 자음 y 소리로 시작하므로 ⑦에서 정관사는 /ðə/로 발음됩니다. use사용, unit단위, union연합, unity단결, usual보통의, unique독특한, unicorn유니콘, uniform유니폼, university대학 등이 철자는 모음 u로 시작하지만, 발음은 자음 y 소리로 시작하는 단어들입니다.

'유'를 한국어에서는 이중모음으로 취급하지만, 영어에서는 자음과 모음이 합쳐진 /juː/라는 것을 꼭 기억해야 합니다. 그럼 ⑧에서 the는 어떻게 발음될까요?

⑧ He defended the honor of his country.
　 그는 자국의 명예를 수호했다.

hour와 마찬가지로 honor에서 h는 묵음이고 발음이 모음 소리로 시작하므로 ⑧에서 the는 /ði:/로 발음됩니다. h가 묵음인 단어는 그렇게 많지 않습니다. hour, honor, honesty정직, heir상속인 정도죠. 이 단어들은 모두 프랑스에서 유래하였습니다.

프랑스어에서 h가 묵음이라서 영어에서도 그렇게 발음되는 것이죠. 우리말에서 사용되는 '유머 감각'의 '유머(humor)'도 프랑스어식 발음입니다.

하지만 프랑스에서 유래한 모든 단어에서 h가 묵음인 것은 아닙니다. host주인, habit습관, hotel호텔, horror공포, humor유머, human인간, humble겸손한, hospital병원, harmony조화 등 대다수 단어에서는 h가 발음됩니다.

이 것 만 은 확 실 히 !

1 부정관사에 두 가지 형태가 있는 이유는 발음 때문이다.

2 a는 자음 소리 앞, an은 모음 소리 앞에 사용된다.
   e.g. a ukulele, an hour

3 모음 소리 앞에서 the는 /ði:/로 발음되고 두 단어 사이에 y 소리가 삽입된다.
   e.g. the airport

Lesson 03 관사는 해석하지 말라고?

Q This is a banana를 맞게 해석한 보기는 무엇일까요?

ⓐ 이건 바나나야.　　　　ⓑ 이건 바나나 한 개야.

A 정답은 ⓐ입니다. 많은 분이 부정관사 a(n)는 '하나', 정관사 the는 '그(것)'로 해석하는데, 기본적으로 관사는 한국어로 해석하지 않는 것이 자연스럽습니다. 한국어에는 관사가 없기 때문입니다. a(n)와 the가 각각 '하나'와 '그'로 자연스럽게 해석이 된다면 관사가 어려울 리가 없겠죠.

다음 두 문장의 해석을 비교해 볼까요? gold는 셀 수 없는 명사(불가산명사)이고, banana는 셀 수 있는 명사(가산명사)입니다.

① **This is gold.**
　이건 금이야.

② **This is a banana.**
　이건 바나나야.

①에는 부정관사가 없지만 ②에는 있는 이유는, 단지 gold는 불가산명사이고 banana는 가산명사이기 때문입니다. 그래서 a banana를 '바나나 한 개'라고 해석하는 것이 부자연스러운 것입니다.

③ **Give me a banana, please.**
　바나나 한 개 주세요.

물론 ③에서처럼 부정관사가 one 대신 사용될 때는 '하나' 또는 '한 개'로 해석해도 됩니다. 그럼 ④는 해석하면 어떻게 될까요?

④ Pass the salt, please.
소금 좀 건네주세요. (?그 소금 좀 건네주세요.)

정관사는 뒤에 오는 명사를 특정하게 하는 기능만 수행할 뿐이지 아무 의미가 없습니다.[3] 따라서 정관사 the도 해석하지 않는 것이 자연스럽습니다. "그 소금 좀 건네주세요."라고 말하려면 "Pass that salt, please."라고 해야 합니다.

관사가 우리말로 해석되지 않는다면 영어에서 관사를 사용하지 않아도 의사소통에 문제가 안 된다는 뜻일까요? 네, 물론입니다. 관사가 의사소통에 꼭 필요하다면 한국어, 일본어, 중국어, 라틴어 등 여러 언어에 관사가 없지 않겠죠. 예를 들어 볼까요? 관사가 없는 ⑤를 이해 못 하는 원어민은 아무도 없습니다.

⑤ *I took cab last night, and driver was drunk.
어젯밤에 택시를 탔는데, 기사가 술에 취해 있었어.

관사를 해석하면 안 된다는 사실은 ⑥의 어색한 해석을 봐도 알 수 있습니다.

⑥ I took a cab last night, and the driver was drunk.
?어젯밤에 택시 한 대를 탔는데, 그 기사가 술에 취해 있었어.

그런데 만약 the driver 대신 ⑦에서처럼 a driver라고 하면 원어민들은 혼란에 빠집니다.

⑦ ?I took a cab last night, and a driver was drunk.

'택시에는 기사가 한 명만 있으니까 the driver라고 해야 하는데, 왜 a driver라고 했지? 기사가 두 명인 택시인가? 그럴 리는 없는데…'라는 생각을 하죠.

(왜 the driver이어야 하는지는 Lesson 13에서 자세히 설명합니다.)

따라서 관사를 전혀 사용하지 않으면 문제가 되지 않지만, 관사를 잘못 사용하면 의사소통에 문제가 생깁니다. 그런데 왜 대화에서는 관사를 잘못 사용해서 의사소통이 안 되는 경우가 별로 없을까요?

그 이유는 관사가 기능어라서 강세가 없고 억양이 내려가서 발음이 잘 들리지 않기 때문입니다. 하지만 글쓰기에서 ⑦과 같은 문장은 의사소통 장애를 초래할 수 있습니다.

이 것 만 은 확 실 히 !

1 a(n)와 the를 각각 '하나', '그'로 해석하지 않는다.
  e.g. This is a banana, please.   Pass the salt, please.
  이건 바나나야.   소금 좀 건네주세요.

2 관사를 전혀 사용하지 않으면 의사소통에 문제가 되지 않으나, 잘못된 관사의 사용은 의사소통 장애를 초래할 수 있다.

한국어 명사는 셀 수 있을까, 없을까?

Q 다음 두 문장의 해석에 따르면 한국어 명사는 가산명사일까요, 불가산명사일까요?

ⓐ This is gold.
이건 금이야.

ⓑ This is a banana.
이건 바나나야.

A 영어에서 가산명사와 불가산명사의 차이는 관사를 보면 알 수 있습니다. gold는 불가산명사이므로 관사가 없고, banana는 가산명사이므로 a와 함께 사용되었습니다. 반면에, 한국어에는 관사가 없으므로 '금'과 '바나나'가 같은 성질의 명사인 것은 확실한데 모두 셀 수 있는지, 셀 수 없는지는 명확하지 않습니다. 한국어로 모든 물체를 셀 수 있으므로 모든 명사가 가산명사라고 생각하는 경우가 많은데, 문법적으로는 모두 불가산명사라고 할 수 있습니다.

①과 ②는 한국 학생들이 자주 범하는 오류입니다. 불가산명사인 equipment와 information을 가산명사로 잘못 알고 부정관사와 함께 사용한 오류인데, 이것을 보고 한국어에서는 '장비'와 '정보'가 셀 수 있는 명사라서 그렇다고 설명하는 책이 있습니다.[4]

① *HL with a technical equipment can reduce the children's access to the reality.
기술 장비를 사용하는 HL은 아이들이 현실에 접근하는 것을 제한할 수 있다.

② *However, it must have been easy for him to develop and incorporate a prior information into his new research.
그러나 그에게는 이전 정보를 발전시켜 새 연구에 통합하는 것이 쉬웠음에 틀림없다.

한국어의 명사가 가산명사라는 주장의 근거 중 하나는 '여러 증거들' 또는 '많은 정보들'과 같은 표현이 가능하다는 것입니다.⁵ 그런데 국립국어원은 '-들' 복수 사용 용법에 관해 '복수複數임을 나타낼 때에 접미사 '-들'을 씁니다만, 쓰임이 엄격하지는 않아서 생략될 수도 있습니다.'라고 설명합니다.⁶

한글 2022에 의하면 이 두 표현은 모두 '여러 증거'와 '많은 정보'로 바꿔 써야 합니다. 또한 다음과 같이 복수의 의미로 '들'을 사용하는 것은 영어의 영향 때문이라고 지적하는 신문 기사도 있습니다.

> 최근 우리말에 접미사 '들'을 원칙이 없이 사용하는 예가 매우 흔합니다. 이는 영어의 영향이 크므로 가려서 쓰는 것이 바람직합니다. 특히, 우리말에는 '들'이 붙으면 복수의 의미보다는 빈정거림의 뜻으로 쓰이는 예가 많습니다. 따라서 '들'의 사용을 자제하심이 바람직합니다.
>
> [문화일보, 1996년 2월 28일, 7면, 〈국어 교육 바로 세우기〉]⁷

'여러 증거'와 '많은 정보'에서는 '증거'와 '정보'가 가산명사인지 불가산명사인지 알 수 없습니다. '여러'와 '많은'이 영어의 a lot of, plenty of처럼 가산명사와 불가산명사 앞에 모두 사용될 수 있다고 주장할 수도 있고, much처럼 불가산명사 앞에 사용된다고 주장할 수도 있기 때문입니다.

그런데 '-들'이 아닌 숫자로 복수를 표시해 보면 한국어 명사가 영어의 불가산명사와 공통점이 있다는 것을 알 수 있습니다. 영어에서 two equipments가 불가능한 것처럼 한국어에서 '두 장비들'도 불가능합니다. two pieces of equipment처럼 '장비 두 개' 또는 '두 개의 장비'라고 말해야 하죠.

③ **For identifying pneumonia we found four features that can be measured with two pieces of equipment.** (COCA:2016:MAG)
폐렴을 식별하기 위해 우리는 두 개의 장비로 측정할 수 있는 네 가지 특징을 발견했다.

마찬가지로 영어에서 two informations가 불가능한 것처럼 한국어에서 '두 정보들'은 불가능합니다. two pieces of information처럼 '정보 두 개' 또는 '두 개의 정보'라고 해야 합니다.

④ **The app will use these two pieces of information to generate your miniLock ID.** (COCA:2014:MAG)
앱은 이 두 개의 정보를 사용하여 너의 miniLock ID를 생성할 것이다.

영어에서 불가산명사를 세기 위해 two pieces of와 같은 표현을 사용하는 것처럼, 한국어에서도 비슷한 '두 개의'라는 표현을 사용해서 '장비'와 '정보'를 세어야 합니다.[8] 그럼, 영어의 가산명사를 한국어에서는 어떻게 셀까요?

영어에서 가산명사인 apple는 two apples라는 표현이 가능하지만, 한국어에서는 '사과'도 '두 사과들'은 불가능하고 '사과 두 개' 또는 '두 개의 사과'라고 해야 합니다. 영어에서는 가산명사와 불가산명사를 다르게 세지만, 한국어에서는 모두 동일하게 영어의 불가산명사처럼 세므로 한국어의 모든 명사는 불가산명사라고 할 수 있습니다. (한국어와 마찬가지로 일본어와 중국어의 명사도 모두 불가산명사입니다. 한자 '個(개)'를 써서 같은 방법으로 명사를 세기 때문입니다.)

이 것 만 은 확 실 히 !

한국어의 명사는 영어의 불가산명사처럼 세므로 모두 불가산명사이다.
e.g. two pieces of equipment = 장비 두 개 (*two equipments = *두 장비들)
two apples = *두 사과들 = 사과 두 개

Lesson 05 the는 '~은/는'과 비슷하다고?

Q 다음 중 정관사 the와 가장 비슷한 한국어는 무엇일까요?

ⓐ 그   ⓑ 그것   ⓒ ~은/는

A Lesson 3에서 the는 '그(것)'로 해석되지 않는다고 배웠습니다. 따라서, 정답은 'ⓒ ~은/는'입니다. 믿기지 않는다고요? 자세한 설명은 본문에서 하겠습니다.

혹시 우리말을 하면서 '~은/는'과 '~이/가'를 구별하는 것이 어렵다고 느낀 적이 있나요? 그런 생각을 하신 분은 거의 없을 것입니다. 그런데 한국어를 배우는 외국인들이 가장 어려워하는 것 중 하나가 '~은/는'과 '~이/가'를 구별하는 것입니다.

저는 미국에서 학부 때 일본어를 배웠는데, 미국인 친구들이 가장 이해하지 못했던 것이 일본어의 は(와)와 が(가)였습니다. 저는 그냥 한국어로 생각해서 '~은/는'일 때는 は를 사용하고, '~이/가'일 때는 が를 사용하면 틀린 적이 없었죠.

한국인들이 a(n)와 the의 차이를 어려워하는 것처럼 외국인들은 한국어의 '~은/는'과 '~이/가', 일본어의 は와 が의 차이를 무척 어려워합니다. 그런데 신기한 것은 한국어의 '~은/는'과 영어의 the가 비슷한 점이 많다는 것입니다.[9] ①-1은 동화책에서 흔히 볼 수 있는 문장입니다.

①-1 Once upon a time, there lived a boy and a girl. The boy was eighteen and the girl sixteen.[10]

boy와 girl이 처음 나올 때는 부정관사 a가 사용되었고, 다음 문장에 다시 나올 때는 정관사 the와 사용되었죠. ①-2는 두 문장을 해석한 것인데 a는 '~이/가'로 해석되고 the는 '~은/는'이 된 것을 알 수 있습니다.

①-2 옛날 옛적에 소년과 소녀가 살았습니다. 소년은 열여덟 살이었고, 소녀는 열여섯 살이었습니다.

the와 '~은/는'이 비슷한 점은 또 있습니다. ②에서 The chimpanzee는 특정한 침팬지를 지칭하지 않고 침팬지 종족 전체를 지칭합니다.

② **The chimpanzee is Homo sapiens' closest relative.** (COCA:2000:MAG)
침팬지는 인류의 가장 가까운 친척이다. / ?침팬지가 인류의 가장 가까운 친척이다.

이런 정관사의 용법을 종족대표용법generic use이라고 하는데, 종족대표를 나타내는 the는 '~은/는'으로 해석됩니다. (종족대표용법의 자세한 설명은 Lesson 22에서 합니다.) 따라서, ②에서 The chimpanzee는 '침팬지는'으로 해석됩니다. '침팬지가'로 해석하면 어색한 문장이 되죠.

영어의 관사가 어려운 이유를 꼽으라면 많은 분이 한국어에는 관사가 없기 때문이라고 말을 합니다. 그럼 관사가 있는 언어를 하는 사람들은 영어의 관사를 쉽게 배울까요? 전혀 그렇지 않습니다. 영어와 가장 비슷한 언어 중 하나인 독일어에도 관사가 있는데, 독일 사람들도 영어의 관사를 어려워합니다. 독일 대학생들도 영작문을 할 때 ③-1에서처럼 the를 잘못 사용한다는 연구 결과가 있으니까요.

③-1 In his novel *Caleb Williams*, Godwin fights against *the unjust society.[11]
고드윈은 그의 소설 〈케일럽 윌리엄스〉에서 불의한 사회에 맞서 싸운다.

⟨Caleb Williams⟩라는 소설을 읽은 학생은 소설에 서술되어 있는 부당한 사회가 머리에 그려지므로 자신에게는 unjust society가 특정하다고 느껴집니다. 그래서 정관사를 사용한 것이죠. 하지만 그 책을 읽지 않은 사람은 the unjust society가 어떤 부당한 사회를 지칭하는지 알 수 없습니다. 부당한 사회에는 여러 종류가 있을 수 있으니까요. 따라서 책의 내용을 소개할 때는 ③-2에서처럼 부정관사를 사용해야 합니다.

③-2 Another traces the struggles of a young person against an unjust society. (COCA:1999:ACAD)
또 다른 것(소설)은 한 젊은이가 불의한 사회에 맞서 싸우는 투쟁을 추적한다.

더 신기한 연구 결과는 스페인 고등학생들이 스페인어에서도 정관사를 사용하는 영단어 앞에서(예) the Pacific Ocean, the United Kingdom, the Mississippi river) the를 사용하지 않는다는 것입니다.[12] 따라서 한국어에는 관사가 없어서 영어의 관사를 배울 수 없다고 좌절할 필요가 없습니다. 언어마다 뭐가 특정하고 불특정한지 달라서 영어의 관사는 누구에게나 어렵습니다.

이것만은 확실히!

1 정관사 the는 주로 '~은/는'으로 해석된다.
   e.g. Once upon a time, there lived a boy and a girl. The boy was eighteen and the girl sixteen.
   옛날 옛적에 소년과 소녀가 살았습니다. 소년은 열여덟 살이었고, 소녀는 열여섯 살이었습니다.

2 종족대표를 나타내는 the도 '~은/는'으로 해석된다.
   e.g. The chimpanzee is Homo sapiens' closest relative.
   침팬지는 인류의 가장 가까운 친척이다.

3 영어의 관사는 관사가 있는 언어가 모국어인 화자에게도 어렵다.

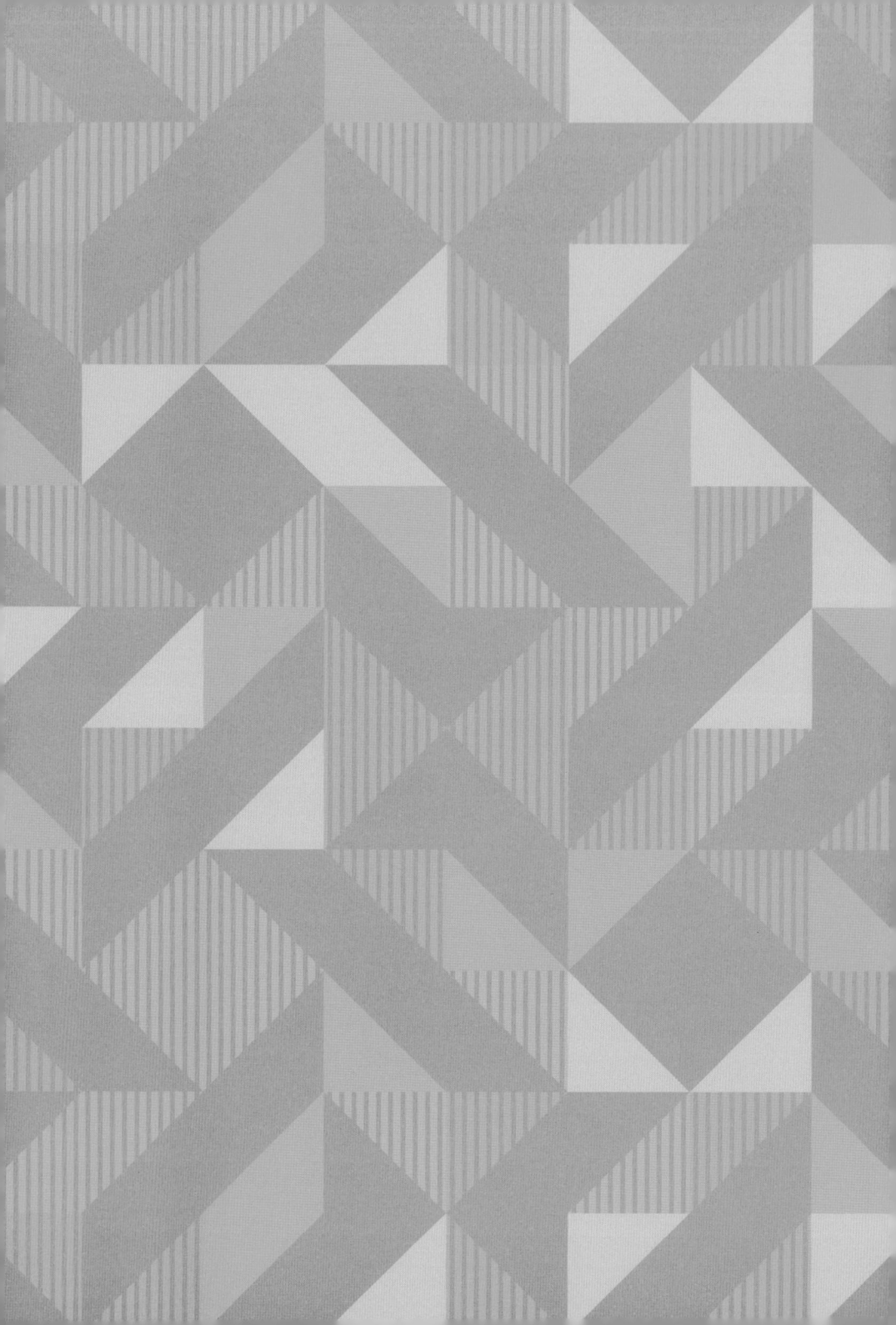

부정관사와 명사

The Indefinite Article & Nouns

Lesson 06 나한테는 명확한데 왜 a(n)를 써야 하지?

Q "나는 자전거가 있어."를 영어로 맞게 옮긴 문장은 무엇일까요?

ⓐ I have bicycle.　　ⓑ I have a bicycle.　　ⓒ I have the bicycle.

A 확실한 오답은 ⓐ입니다. 한국어를 정확하게 옮겨 놓은 것 같지만 bicycle 앞에 관사가 있어야 합니다. ⓒ가 정답이 되려면 the bicycle이 화자와 청자가 모두 아는 자전거를 지칭해야 합니다. 특별한 상황이죠. 이런 특별한 상황이 아니라면 a bicycle이라고 해야 합니다. 따라서 ⓑ가 가장 무난한 정답입니다.

영어에서 bicycle과 같은 단수형 가산명사는 절대 단독으로 사용될 수 없습니다. 따라서 ①-1은 의미와 관계없이 무조건 비문입니다.

①-1 I have *bicycle.
　　　　　　단수형 가산명사
　　　나는 자전거가 있어.

①-1의 bicycle은 상황에 맞게 아래 네 가지 중 하나로 바뀌어야 합니다.

　　ⓐ a bicycle　　　= 단수의 불특정한 자전거
　　ⓑ the bicycle　　= 단수의 특정한 자전거
　　ⓒ bicycles　　　 = 복수의 불특정한 자전거
　　ⓓ the bicycles　 = 복수의 특정한 자전거

자전거가 한 대만 있다면 다음 두 문장 중 하나로 고치면 됩니다.

　　①-2 I have a bicycle.　　　　①-3 I have the bicycle.

불특정한 자전거를 지칭하려면 ①-2, 특정한 자전거를 지칭하려면 ①-3으로 말하면 되죠.

그런데 중요한 것은 명사의 특정함은 청자의 관점에서 결정된다는 것입니다. 화자는 자기 자전거에 관해 얘기하는 것이므로 bicycle이 특정하다고 느낍니다. 그러나 청자는 화자의 자전거를 알지 못합니다. 따라서 청자에게는 불특정한 자전거가 되고, 이런 상황에서는 a bicycle이라고 말해야 합니다.

그럼 어떤 명사가 청자에게 불특정할까요? 대화에 처음 언급되는 거의 모든 것이 청자에게는 불특정합니다. 같은 명사가 두 번째 언급되면 청자에게 특정해지죠. 그래서 ②에서처럼 같은 명사가 두 번째 나올 때 정관사가 사용되는 것입니다.

② I bought a bicycle and a skateboard yesterday, and I gave the bicycle to Jaden and the skateboard to Athena.
　어제 자전거와 스케이트보드를 샀는데, 자전거는 제이든에게 주고 스케이트보드는 아테나에게 줬다.

하지만, 같은 명사가 두 번째 사용된다고 꼭 정관사가 사용되는 것은 아닙니다.

③ A: Does anybody have a bicycle?
　　자전거 있는 사람이 있나요?
　B: Yes, I have a bicycle.
　　네, 저 자전거 있어요.

③에서 B는 A가 모르는 자전거에 관해 얘기하므로 a bicycle이라고 해야 하죠. 만약 the bicycle이라고 한다면 A가 "What bicycle?"이라고 반문하겠죠. 그리고 대화에 처음 나오는 명사에도 정관사가 사용될 수 있습니다.

④ A: Who did you give the bicycle to? 자전거는 누구에게 줬어?
B: I gave it to Jaden. 제이든에게 줬어.

제가 어제 자전거와 스케이트보드를 샀다는 사실을 아는 친구가 ④에서처럼 질문을 할 때는 the bicycle이라고 해야 합니다.

⑤-1 I have time. 나는 시간이 있어.
추상명사(= 불가산명사)

'I have bicycle.'과 달리 ⑤-1은 완벽한 문장입니다. time시간은 불가산명사이기 때문이죠.

ⓐ *a time　　ⓑ the time　　ⓒ *times　　ⓓ *the times

time은 불가산명사이므로 ⓑ만 가능하고, ⓐ, ⓒ, ⓓ 모두 불가능합니다.
(time이 three times(세 번)처럼 가산명사로 사용될 때는 뜻이 달라집니다.)

⑤-2 The time is now 5 o'clock. 현재 시각은 5시입니다.

'화자와 청자에게 공통으로 특정한 시간=the time'은 ⑤-2에서처럼 현재 시각을 말할 때입니다. 일반 대화에서는 비인칭 It을 사용하지만, 공식적인 상황에서는 the time을 자주 사용합니다.

⑤-3 Do you have the time?　　⑤-4 Do you have time?
현재 시각 있으세요? (= 지금 몇 시예요?)　　시간 있으세요?

⑤-3과 ⑤-4의 의미가 달라지는 이유도 the time이 '현재 시각'을 뜻하기 때문입니다.

bicycle과 time의 차이에서 알 수 있듯이 관사의 사용은 명사와 아주 깊은 관계가 있습니다. ⑥은 영문법 원서에서 명사의 속성을 서술한 문장인데, 명사는 정관사와 함께 사용될 수 있는 단어라고 하였습니다.

⑥ [N]ouns are words that can be preceded by the word *the*, as in *the cat*.[1]
   명사는 the cat처럼 단어 앞에 the가 올 수 있는 단어다.

그런데 왜 굳이 부정관사는 빼고 정관사와만 함께 사용될 수 있는 단어를 명사라고 했을까요? 정관사는 가산·불가산명사와 모두 함께 사용될 수 있지만, 부정관사는 불가산명사와는 함께 사용될 수 없기 때문이죠. 자, 그럼 명사에 관해 자세히 알아볼까요?

이 것 만 은 확 실 히 !

1 단수형 가산명사는 단독으로 사용될 수 없다.
   e.g. *I have bicycle.

2 명사의 특정함은 청자의 관점에서 결정된다.

3 같은 명사가 두 번째 언급되면 청자에게 특정해진다.
   e.g. I bought a bicycle and a skateboard yesterday, and I gave the bicycle to Jaden and the skateboard to Athena.

4 불가산 명사는 단독으로 사용될 수 있다.
   e.g. I have time.

5 화자와 청자에게 공통으로 특정한 시간(= the time)은 현재 시각이다.
   e.g. Do you have the time? = What time is it?

고유명사가 불가산명사가 아니라고?

Q 영어에서 명사의 가장 기본적인 분류는 무엇일까요?

ⓐ 가산명사 vs. 불가산명사　　ⓑ 고유명사 vs. 보통명사

A 한국어 문법책에서는 명사를 먼저 가산명사와 불가산명사로 구분하고 고유명사를 불가산명사의 한 종류라고 설명합니다. 하지만 대다수의 영문법 원서는 고유명사와 보통명사를 먼저 구분하고, 불가산명사는 보통명사의 한 종류라고 설명합니다. 이 책에서는 후자를 따르겠습니다.

영어의 명사를 어떻게 분류하느냐는 관점에 따라 다를 수 있습니다. 한국어 문법책에서 주로 사용되는 분류와 대다수의 영문법 원서에서 사용되는 분류를 정리하면 다음과 같습니다.

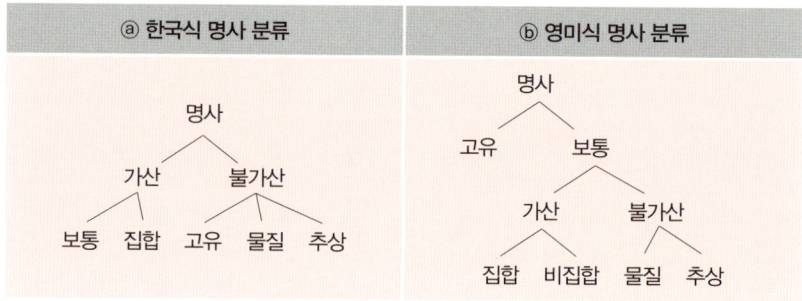

저는 ⓑ 영미식 명사 분류를 선호하는데, 이유는 세 가지입니다. 우선 ⓐ 한국식 명사 분류는 깔끔하지 않습니다. 각 항목이 두 갈래씩 나뉘는 것이 깔끔한데 불가산명사 아래가 세 갈래(고유명사, 물질명사, 추상명사)로 나뉘기 때문이죠.

두 번째 이유는 글을 쓰려면 고유명사와 보통명사를 먼저 나눠야 어떤 명사를 대문자로 시작할지 결정할 수 있다는 것이고, 세 번째 이유는 가장 기본적인 관사의 용법 중 하나는 고유명사 앞에는 관사를 사용하지 않는다는 것입니다.

① His name is Ø Steve Rogers.
　　　　　보통명사　　고유명사
　그의 이름은 스티브 로저스다.

만약 고유명사 앞에 부정관사가 사용되면 ②에서처럼 보통명사의 뜻으로 해석됩니다.

②-1　Tony drives an Audi.　토니는 아우디 차를 타고 다닌다.

②-2　Steve wasn't a Hercules.　스티브는 헤라클레스처럼 힘센 사람이 아니었다.

②-3　I've never met a Natasha.　나는 나타샤라는 이름의 사람을 만난 적이 없다.

이름 앞에 정관사를 사용하지 않는 이유는 고유명사의 지시 대상은 원래 특정하므로 정관사를 붙일 필요가 없기 때문입니다. 하지만, ③에서처럼 특정 유명인을 지칭할 때는 정관사를 사용할 수도 있습니다. 이때 the는 강세를 받고 /ðiː/로 발음됩니다.

③-1　A: I met Donald Trump yesterday.
　　　　　어제 도널드 트럼프를 만났어.
　　　　B: What? You met the Donald Trump?
　　　　　뭐라고? 그 유명한 도널드 트럼프를 만났다고?

③-2　You don't mean the Ernest Hemingway?³
　　　　　그 유명한 어니스트 헤밍웨이를 말하는 게 아니라고?

④는 Donald Trump의 세 번째 책인 〈Trump: The Art of the Comeback〉의 첫 문장인데, 여기서는 왜 Donald 앞에 정관사가 사용되었을까요?

④ It's usually fun being The Donald, but in the early 1990s, trust me, it wasn't.[4] 도널드가 되는 건 보통 재밌지만, 1990년대 초반에는 정말 재미없었어요.

The Donald는 Donald Trump의 별명인데 Trump의 첫 번째 부인 Ivana Trump가 처음 사용하기 시작했다고 합니다.[5] 체코슬로바키아에서 태어나 영어가 네 번째 언어인 그녀는 거의 모든 사람의 이름 앞에 정관사를 사용했다고 하는군요.

아래는 명사의 종류에 따른 관사의 쓰임을 표로 나타낸 것입니다. 관사가 사용되지 않은 곳은 Ø로 표시하였고, 이 표시는 '무관사'라고 합니다.

〈명사의 종류에 따른 관사의 쓰임〉

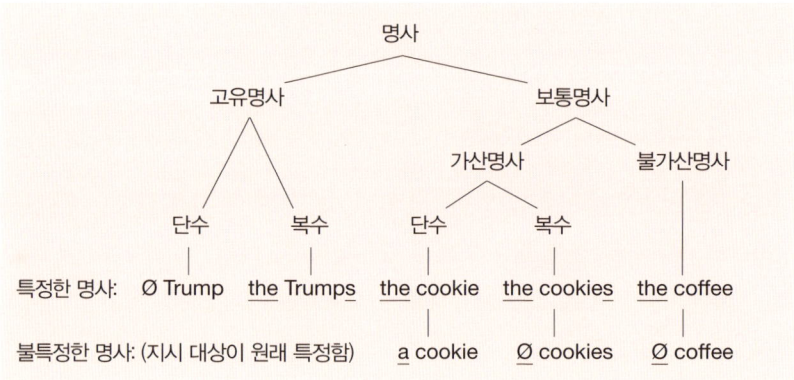

고유명사는 the Trumps트럼프 일가처럼 복수가 가능하고 복수 고유명사 앞에는 정관사가 사용됩니다. 성last name을 정관사와 함께 복수로 사용하면 '가족'을 뜻하죠. 고유명사를 불가산명사의 한 종류로 보는 것이 좋지 않은 또 하나의 이유입니다.[6]

몇몇 영문법 원서는 ⑤-1에서처럼 복수가산명사cookies와 불가산명사coffee

앞에 사용된 some을 부정관사로 보기도 합니다. 이때 some에는 강세가 없습니다.[7]

⑤-1 I bought some cookies and some coffee at Costco last week.
나는 지난주에 코스트코에서 쿠키와 커피를 샀다.

강세 없는 some을 부정관사로 보는 이유 중 하나는 위 문장에서 some을 삭제하면 어색한 문장이 되기 때문입니다.[8]

⑤-2 ?I bought Ø cookies and Ø coffee at Costco last week.

하지만 모든 학자가 강세 없는 some을 부정관사로 보는 것은 아닙니다. ⑥에서처럼 대조하는 상황에서는 some 없이 복수가산명사가 사용될 수 있기 때문이죠.[9]

⑥ I bought Ø cookies (not crackers). 나는 (크래커 말고) 쿠키를 샀어.

그리고 ⑦에서처럼 일반적인 진술을 하는 문장에서는 복수가산명사와 불가산명사 앞에 무관사 사용이 가능합니다. 따라서 이 책에서는 강세 없는 some을 부정관사로 취급하지 않겠습니다.

⑦ I like Ø cookies and Ø coffee. 나는 쿠키와 커피를 좋아해.

이 것 만 은   확 실 히 !

1 고유명사 앞에 부정관사가 사용되면 보통명사로 해석된다.
   e.g. Tony drives an Audi. = 아우디 차
        Steve wasn't a Hercules. = 헤라클레스처럼 힘센 사람
        I've never met a Natasha. = 나타샤라는 이름의 사람

2 특정 유명인을 지칭할 때는 정관사를 사용할 수도 있다. 이때 the는 강세를 받고 /ðiː/로 발음된다.
   e.g. What? You met the Donald Trump?

3 불특정한 복수가산명사와 불가산명사 앞에는 무관사가 사용된다.
   e.g. I like Ø cookies and Ø coffee.

08 data는 단수인가, 복수인가?

Q 다음 네 가지의 명사 중 –s를 붙여서 복수형으로 만들 수 없는 단어는 무엇일까요?

ⓐ data　　ⓑ staff　　ⓒ faculty　　ⓓ audience

A staff(직원), faculty(교수진), audience(청중)는 모두 집합명사입니다. 따라서 –s를 붙여서 복수형을 만들 수 있습니다. 반면에 data(자료)는 단수명사 datum의 복수형이므로 –s를 붙일 수 없습니다. 따라서 정답은 ⓐ입니다.

영어 명사의 단·복수는 원어민들도 어려워하는 경우가 많습니다. 믿기 어렵겠지만, 미국의 43대 대통령이었던 George W. Bush는 ①에서처럼 children을 단수명사로 사용하였습니다.[10]

　①-1　*Is our children learning?　　①-2　*Childrens do learn.
　　　　우리 아이들은 배우고 있나요?　　　　　　아이들은 물론 배웁니다.

child-children과 mouse-mice처럼 잘 알려진 명사의 불규칙 복수형 외에 주의해야 할 복수형을 표로 정리하면 다음과 같습니다.

<주의해야 할 명사의 복수형>

1. -s 없이 복수로만 사용되는 명사	people 사람들 poultry 가금류	police 경찰 livestock 가축	cattle 소 떼 vermin 해충
2. 두 부분으로 구성되어 복수로만 사용되는 명사	pants 바지 trousers 바지 glasses 안경 tweezers 족집게	shorts 반바지 leggings 레깅스 scissors 가위 pliers 펜치	jeans 청바지 pajamas 잠옷 clippers 손톱깎이 binoculars 쌍안경
3. -s가 붙고 주로 복수로 사용되는 명사	congratulations 축하 thanks 감사 minutes 회의록 archives 기록 보관소 auspices 후원 communications 통신 credentials 자격 증명서 earnings 수입 guts 용기 lodgings 숙소 pains 수고 wits 재치	accommodations 숙소 looks 외모 amends 보상 arms 무기 brains 지능 contents 내용물 customs 세관 funds 자금 heads and tails 앞면과 뒷면 odds 가능성 premises 부지 writings 저술	manners 예절 annals 연대기 ashes 재 clothes 옷 goods 상품 outskirts 외곽 remains 유해
4. 단수형 = 복수형	series 시리즈 salmon 연어 sheep 양 mackerel 고등어	species 종 fish 물고기 trout 송어 aircraft 항공기	deer 사슴 bison 들소 cod 대구

주의해야 할 명사의 복수형 중 첫째는 people과 police처럼 항상 복수로만 사용되는 명사입니다. 그런데 people이 ②-1과 ②-2에서처럼 '국민, 민족, 종족'이란 뜻으로 사용될 때는 a people 또는 many peoples가 가능합니다.

②-1 What is the notion of America these days? Who are we as a people? (COCA:2016:NEWS)
요즘 '미국'이라는 개념은 무엇인가? 우리는 국민으로서 누구인가?

②-2　Many cultures and <u>many peoples</u> have contributed to the lexicon of Southern cooking. (COCA:2015:NEWS)
다양한 문화와 민족들이 남부 요리의 어휘에 기여했다.

두 번째로 주의해야 할 복수형은 pants와 scissors처럼 두 부분으로 구성되어 복수로만 사용되는 명사입니다. 이런 복수명사들은 ③-1에서처럼 a pair of와 함께 사용되는 것이 정상입니다.

③-1　I fetched <u>a pair of scissors</u> from my desk. (COCA:2017:FIC)
나는 책상에서 <u>가위 한 쌍</u>을 가져왔다.

pants 또는 jeans와 같은 옷은 거의 항상 a pair of와 함께 사용됩니다. 그런데 scissors 또는 tweezers와 같은 기구는 ③-2에서처럼 부정관사와 사용되기도 합니다. (COCA에서 a pair of scissors는 432회 검색되고 a scissors는 81회 검색됩니다.)

③-2　I would cut it to pieces with <u>a scissors</u>. (COCA:1998:FIC)
나는 그것을 <u>가위</u>로 잘라 내곤 했다.

다음으로 주의해야 할 복수형은 congratulations와 thanks처럼 -s가 붙고 주로 복수로 사용되는 명사입니다. 한 사람이 한 사람에게 축하할 때도 ④-1에서처럼 복수형인 congratulations를 사용합니다.

④-1　I understand <u>congratulations</u> <u>are</u> due on the new job, by the way.[11]
그리고 보니, 새로운 직장에 취직하신 걸 <u>축하드려야</u> 할 것 같네요.

"Congratulations!"를 줄여서 말할 때도 -s를 붙여서 "Congrats!"라고 합니다. 정말 이상하죠. -s를 붙일 이유가 전혀 없는데 말이죠. 그래서 원어민들도 흔하지는 않지만 ④-2에서처럼 congratulation을 부정관사와 함께 단수명사로 사용하기도 합니다.

④-2 They received a congratulation from the supervisor.
(COCA:2001:MAG)
그들은 감독관으로부터 축하를 받았다.

④-3에서는 congratulation 앞에 무관사가 사용되었습니다. 추상명사로 사용된 것이죠.

④-3 It was a letter of Ø congratulation on her engagement.
(COCA:2010:FIC)
그것은 그녀의 약혼을 축하하는 편지였습니다.

따라서 '축하'를 의미할 때 보통은 ④-1에서처럼 복수형 congratulations 또는 ④-3에서처럼 관사 없이 추상명사 congratulation을 사용하는 것이 정석입니다. congratulations와 마찬가지로 thanks도 보통 ⑤-1에서처럼 복수명사로 사용합니다.

⑤-1 Many thanks, my friend. (COCA:2012:FIC)
아주 고마워, 친구야.

그런데 저희 과에 계시는 원어민 교수님 한 분이 제게 보낸 메일 마지막에는 ⑤-2가 적혀 있었습니다. thanks를 추상명사로 사용한 것이죠.

⑤-2 Much thanks, Isaiah!

저는 이렇게 thanks가 추상명사로 사용된 예를 처음 보았는데, COCA에서 찾아보니 much thanks가 53회나 검색되더군요. (many thanks는 991회 검색됩니다.)

마지막으로 주의해야 할 복수형은 species와 salmon처럼 단수와 복수가 같은 단어입니다. 특히, species처럼 -s가 붙어있는 명사의 단수를 specie로 착각하는 경우가 많습니다. 〈사피엔스〉 책으로 유명해진 유발 하라리 교수는 2016년 'How Sapiens Conquered the World사피엔스는 어떻게 세계를 정복했는가'란 제목의 강의에서 ⑥-1과 같이 specie를 species의 단수형으로 잘못 사용하였습니다.

⑥-1 We are now *the only human specie around because our ancestors as they spread from East Africa drove to extinction all the other human species.[12]

우리 조상들이 동아프리카에서 퍼져 나가면서 다른 모든 인간의 종을 멸종시켰기 때문에 우리는 이제 지구상에 존재하는 유일한 인간의 종이 되었습니다.

물론 〈사피엔스〉 책에서는 ⑥-2에서처럼 species를 단수와 복수로 모두 사용하였습니다.

⑥-2 We are used to thinking about ourselves as the only humans, because for the last 10,000 years, our species has indeed been the only human species around.[13]

우리는 우리 자신을 유일한 인간으로 생각하는 데 익숙하다. 왜냐하면 지난 10,000년 동안 우리 종은 실제로 지구상에서 유일한 인간의 종이었기 때문이다.

species처럼 원래 단수와 복수형이 같은 명사는 아닌데 그렇게 사용되는 명사도 있습니다. ⑦에 사용된 data가 가장 좋은 예이죠.

⑦-1 This data shows the extent of the system problems we face. (COCA:2014:NEWS)
이 자료는 우리가 직면한 시스템 문제의 정도를 보여 준다.

⑦-2 These data show that most people overcome their substance abuse. (COCA:2004:MAG)
이 자료는 대부분의 사람들이 약물 남용을 극복했다는 것을 보여 준다.

data, media, bacteria는 모두 라틴어에서 유래된 단어인데 각각의 단수형은 datum, medium, bacterium입니다. 그런데 요즘은 단수형을 사용하지 않고 data, media, bacteria를 모두 단·복수로 사용합니다. (COCA에서 This data shows는 19회, These data show는 80회가 검색됩니다. 아직은 data가 복수로 사용된 횟수가 훨씬 많습니다.)

data, media, bacteria가 단·복수로 모두 사용되는 현상을 보고 이 세 단어를 집합명사로 구분하는 책이 있습니다.[14] 집합명사란 staff, family, faculty, audience, committee처럼 여러 개체가 모여 이뤄진 집합체를 지칭합니다. 집합명사의 특징은 ⑧-1에서처럼 단수로 사용될 수도 있고, ⑧-2에서처럼 복수로 사용될 수도 있다는 것입니다.

> ⑧-1 The audience was introduced to a new character. (COCA:2017:MAG)
> 관객들은 새로운 캐릭터를 소개받았다.
>
> ⑧-2 "What happened was that the audience were looking at each other," Bono says. (COCA:2009:MAG)
> 보노는 "관객들이 서로를 쳐다보고 있었어요."라고 말했다.

그런데 미국 영어는 ⑧-2와 같이 집합명사와 복수동사를 함께 사용하는 것을 별로 좋아하지 않습니다. (Bono는 아일랜드의 유명 록 밴드 U2의 리드 보컬입니다.) 복수동사와는 주로 the audience members처럼 members와 함께 사용되는데, ⑨에서처럼 숫자 뒤에는 집합명사만 사용되기도 합니다.

> ⑨ UC Davis has more than 32,000 students, more than 2,500 faculty and more than 21,000 staff.[15]
> UC 데이비스에는 32,000명 이상의 학생, 2,500명 이상의 교수진, 21,000명 이상의 직원이 있다.

위 예문에서 중요한 것은 faculty와 staff가 단수 형태라는 것입니다. 만약 2,500 faculties와 21,000 staffs라고 한다면 '2,500개의 다른 교수진'과 '21,000개의 다른 스태프진'이라는 뜻이 됩니다. 모든 집합명사는 ⑩에서처럼 -s가 붙은 복수형으로 사용될 수 있습니다. 복수형 집합명사는 여러 개의 집단을 뜻하죠.

> ⑩ The articles target multiple audiences. (COCA:2019:ACAD)
> 이 기사들은 다양한 독자층을 대상으로 한다.

하지만, data, media, bacteria는 *datas, medias, bacterias와 같은 복수 형태로 사용될 수 없으므로, 이 단어들을 집합명사로 구분하는 것은 맞지 않습니다. data가 단·복수로 사용되는 현상에 대한 합리적인 설명은 두 가지입니다. 첫째는 Much thanks에서처럼 복수명사가 추상명사로 바뀐 것, 둘째는 species와 salmon처럼 단·복수가 같은 명사로 바뀐 것입니다. 선택은 여러분이 하시면 됩니다.

이 것 만 은 확 실 히 !

1 people이 '국민, 민족, 종족'의 뜻으로 사용될 때는 a people, peoples가 가능하다.
   e.g. Who are we as a people?

2 두 부분으로 구성되어 복수로만 사용되는 명사는 a pair of와 함께 사용된다.
   e.g. I fetched a pair of scissors from my desk.

3 congratulations처럼 -s가 붙고 주로 복수로 사용되는 명사에 유의한다.
   e.g. Congratulations are due on the new job.

4 species처럼 단수와 복수가 같은 명사에 유의한다.
   e.g. We are now the only human species around.

5 data처럼 라틴어에서 유래한 복수명사는 단·복수로 모두 사용되기도 한다.
   e.g. This data shows . . . / These data show . . .

6 -s가 붙은 복수형 집합명사는 여러 개의 집단을 뜻한다.
   e.g. The articles target multiple audiences.

영어에서는 돈을 셀 수 없다고?

Q 다음 단어 중 셀 수 없는 명사는 무엇일까요?

ⓐ chair   ⓑ desk   ⓒ table   ⓓ furniture

A 정답은 'ⓓ furniture'입니다. 따라서 chairs, desks, tables는 가능한데 *furnitures는 불가능합니다. '의자, 책상, 탁자' 모두 '가구'의 한 종류인데 이런 단어들은 셀 수 있고 furniture는 셀 수 없다는 것이 신기하지 않으세요?

문법에서 명사를 셀 수 있다는 것은 그 명사를 복수형으로 바꿀 수 있다는 의미입니다.

①-1 *He has too many monies.   ①-2 He has too much money.
그는 돈이 너무 많아.

영어에서는 돈(money)을 셀 수 없는데, 그 이유는 ①-1은 불가능하고 ①-2는 가능하기 때문입니다.

불가산명사는 coffee, tea, bread, butter처럼 일정한 형태가 없는 물질명사mass noun와 beauty, truth, peace, advice처럼 추상적인 개념을 나타내는 추상명사abstract noun로 나뉩니다. 그리고 불가산명사 앞에는 ②와 ③에서처럼 부정관사를 사용할 수 없습니다.

② Ø Coffee tastes better than Ø tea.　　물질명사
　　*A coffee　　　　　　　　　　　*a tea
　　커피가 차보다 맛이 좋지.

③ Ø Beauty is Ø truth.　　추상명사
　　*A beauty　*a truth
　　아름다움은 진실이다.

물질명사와 추상명사를 나누는 것은 어렵지 않죠. 그런데 추상명사 중에는 jewelry, vocabulary, furniture처럼 '전체를 지칭하는' 추상명사가 있고, 이 추상명사들을 불가산명사라고 인지하기가 쉽지 않습니다.

그 이유는 아래 표에 정리된 것처럼 이들과 비슷한 뜻을 가진 가산명사가 많기 때문이죠. 그래서 불가산명사를 아예 'ⓐ 물질명사', 'ⓑ 추상명사', 'ⓒ 전체를 지칭하는 추상명사'의 세 가지로 나누기도 합니다.[16]

〈뜻이 비슷한 추상명사와 가산명사〉

	전체를 지칭하는 추상명사 (=불가산명사)	비슷한 뜻을 가진 가산명사
1. 어원이 같은 단어	poetry 시	poem 시
	scenery 풍경	scene 장면
	jewelry 보석류	jewel 보석
	laughter 웃음	laugh 웃음
	baggage 수하물	bag 가방
	machinery 기계류	machine 기계
2. 함께 사용하는 단어	postage 우편 요금	stamp 우표
	research 연구	study 연구
	software 소프트웨어	program 프로그램
	homework 숙제	assignment 과제
	vocabulary 어휘 slang 속어 jargon 전문 용어	word 단어 term 용어

3. 어원이 다른 단어	mail 우편	letter 편지 package 소포
	stuff 물건	thing 사물 belonging 소유물
	money 돈	coin 동전 bill 지폐
	surgery 수술	operation 수술 procedure 시술
	furniture 가구	chair 의자 desk 책상 table 탁자
	sculpture 조각품	bust 흉상 statue 조각상
	hardware 하드웨어	computer 컴퓨터 keyboard 키보드 monitor 모니터
	equipment 장비	tool 도구 device 장치

뜻이 비슷한 추상명사와 가산명사는 세 종류로 나눌 수 있습니다. 첫째는 jewelry와 jewel처럼 어원이 같은 단어입니다.

④ **I can't wear Ø jewelry at work.** (COCA:2005:FIC)　무관사 + 추상명사
직장에서는 보석류를 착용할 수 없다.

⑤ **They used to wear Ø jewels.** (COCA:2018:NEWS)　무관사 + 복수명사
그들은 보석을 착용하곤 했다.

jewelry는 추상명사이므로 ④에서처럼 무관사와 함께 사용되고, jewel은 가산명사이므로 ⑤에서처럼 '무관사+복수형'(또는 '부정관사+단수형')으로 사용되어야 합니다. 둘 다 문법적으로는 가능하지만, wear jewelry가 wear jewels보다 훨씬 자주 사용되는 표현입니다. (COCA에서 wear jewelry는 52회가 검색되지만, wear jewels는 3회만 검색됩니다.)

뜻이 비슷한 추상명사와 가산명사의 두 번째 종류는 ⑥의 software programs처럼 연결해서 함께 사용하는 단어입니다.

⑥ **Many software programs automatically report their usage via the Internet.** (COCA:2009:MAG)
많은 소프트웨어 프로그램은 인터넷을 통해 자동으로 사용량을 보고한다.

research studies, homework assignments, vocabulary words처럼 의미가 거의 같은 단어 두 개를 연결해서 사용하는 이유가 바로 research, homework, vocabulary 모두 전체를 지칭하는 추상명사이기 때문입니다.

뜻이 비슷한 추상명사와 가산명사의 마지막 세 번째 종류는 furniture와 chair, desk, table처럼 어원이 다른 단어입니다. chair, desk, table은 어느 정도 형태가 정해진 물체이므로 셀 수 있는 명사로 사용되지만, furniture는 가구 전체를 포함하는 추상적인 개념을 지칭하므로 셀 수 없는 명사로 사용됩니다.

⑦의 equipment items라는 표현도 equipment가 장비 전체를 포함하는 추상적인 개념을 지칭하는 불가산명사이기 때문에 사용된 것입니다.

⑦ During the mission, astronauts replaced other critical equipment items. (COCA:1994:MAG)
임무 수행 중에 우주비행사들은 다른 주요 장비를 교체하였다.

그런데 software programs 또는 equipment items와 같은 표현을 보면 정말 이상하다는 생각이 들지 않나요? 그냥 간단하게 softwares와 equipments라고 하면 될 것 같은데 말이죠. 아주 비효율적인 표현입니다. ⑧, ⑨와 같은 예문이 COCA에서 검색되는 것을 보면 같은 생각을 하는 원어민들도 있는 것 같습니다.

⑧ The most important issues in choosing fax softwares are ease of installation. (COCA:1993:MAG)
팩스 소프트웨어를 선택할 때 가장 중요한 요소는 설치의 용이성이다.

⑨ Mops, vacuums and other equipments will typically be provided by the cleaner. (COCA:2014:NEWS)
대걸레, 진공청소기 및 기타 장비는 일반적으로 청소업체에서 제공한다.

놀라운 것은 COCA에서 equipment items는 7회만 검색되고 equipments는 141회나 검색된다는 것입니다. 추상명사인 equipment가 가산명사로 사용되는 변화가 발생하고 있는 것이죠. 그런데 software는 상황이 다릅니다. software programs는 491회가 검색되지만, softwares는 105회만 검색되니까요.

정확한 이유는 알 수 없지만, 우리말에서도 '처갓집'에서 '집 가家'와 '집'을 반복해서 사용하는 것이 자연스럽다고 느끼는 것처럼, equipment items와 같이 전혀 다른 단어를 연결해서 쓰는 것보다 software programs처럼 의미가 비슷한 단어를 연결해 쓰는 것이 더 자연스럽다고 느끼는 것 아닐까요?

이 것 만 은 확 실 히 !

1 명사를 셀 수 있다는 것은 그 명사를 복수형으로 바꿀 수 있다는 의미다.

2 불가산명사는 물질명사와 추상명사로 나뉘고, 불가산명사 앞에는 부정관사를 사용할 수 없다.
  - e.g. Ø Coffee tastes better than Ø tea.   물질명사
    Ø Beauty is Ø truth.   추상명사

3 뜻이 비슷한 추상명사와 가산명사를 잘 구분해야 한다.
  - e.g. jewelry-jewels, software-programs, surgery-operations

4 jewelry는 추상명사이므로 무관사와 함께 사용되고, jewel은 가산명사이므로 '무관사+복수형'(또는 '부정관사+단수형')으로 사용된다.
  - e.g. I can't wear Ø jewelry at work.   무관사 + 추상명사
    They used to wear Ø jewels.   무관사 + 복수명사

5 software programs와 equipment items처럼 비효율적인 표현이 사용되는 이유는 software와 equipment가 전체를 지칭하는 추상명사이기 때문이다.

Lesson 10   I love dog!은 왜 하면 안 되는 말이지?

Q 다음 중 "나는 칠면조고기를 좋아해."라는 뜻의 문장은 무엇일까요?

ⓐ I like turkeys.   ⓑ I like turkey.

A 동물을 지칭하는 명사를 불가산명사로 사용하면 '고기'라는 뜻이 더해집니다. turkey가 ⓐ에서처럼 가산명사로 사용되면 '동물 칠면조'를 지칭하지만, ⓑ에서처럼 불가산명사로 사용되면 '칠면조고기'라는 뜻이 되죠. 따라서 정답은 ⓑ입니다.

동물을 지칭하는 명사는 가산명사이지만, 고기를 지칭하는 명사는 불가산명사입니다. 고기는 일정한 형태가 없으므로 물질명사=불가산명사이기 때문입니다. 따라서 '고기'를 뜻하는 명사는 무관사와 함께 사용되어야 합니다.

①-1 That's a pig.
저건 돼지야.

①-2 That's Ø pork.
저건 돼지고기야.

영어는 특이하게 pig와 pork처럼 동물과 고기를 지칭하는 단어가 다른 예가 몇 개 더 있습니다. 아래 표는 영어에서 동물과 고기를 지칭하는 단어가 다른 것들을 정리한 것입니다.

〈다른 단어로 구분되는 동물과 고기〉

동물 = 가산명사		고기 = 불가산명사	
ox	소	beef	쇠고기
pig	돼지	pork	돼지고기
sheep	양	mutton	양고기
deer	사슴	venison	사슴고기

beef, pork, mutton은 모두 프랑스어boeuf, porc, mouton에서 유래하였습니다. 그런데 왜 고기를 뜻하는 명사는 모두 프랑스어에서 유래한 단어를 사용할까요? 영국은 1066년에 프랑스의 노르만족인 윌리엄 1세에 의해 정복당합니다. 그 이후 대략 400년간 영국에서 왕족·귀족들이 사용하던 언어는 프랑스어였습니다. 영어는 농민들의 언어였죠. beef, pork, mutton이 유래한 프랑스어boeuf, porc, mouton는 사실 동물도 뜻하고 고기도 뜻합니다. 하지만 왕족 또는 귀족들이 이 단어를 사용할 때는 항상 고기를 뜻했으므로 영어에서는 고기만 뜻하는 단어가 된 것이죠.[17]

venison은 '큰 사냥감의 고기'를 뜻하는 프랑스어에서 유래하였습니다. 왕족과 귀족들이 가장 좋아했던 사냥감이 사슴이었기 때문에 이 단어가 '사슴고기'를 뜻하게 된 것입니다.

참고로, '사냥감'을 뜻하는 명사는 game입니다. game이 '경기'를 뜻할 때는 가산명사이지만, '사냥감'을 뜻할 때는 불가산명사입니다. 그래서 a fair game과 fair game은 뜻이 완전히 다릅니다. ②-2는 다양한 상황에서 은유적으로 사용되는 표현입니다.

②-1 That's a fair game.
그건 공평한 경기야.

②-2 That's Ø fair game.
그건 공평한 사냥감(표적, 목적물)이야.

chicken, duck, turkey처럼 고기를 뜻하는 다른 단어가 없는 경우는 관사가 의미를 결정하는 데 중요한 역할을 합니다.

③-1 **This is a chicken.**
이건 닭이야.

③-2 **This is Ø chicken.**
이건 닭고기야.

③-2에서처럼 관사를 사용하지 않으면 '고기'라는 뜻이 되기 때문이죠.

④-1 **I love Ø dog.**
나는 개고기를 무척 좋아해.

④-2 **I love dogs!**
나는 개를 무척 좋아해.

이제 왜 ④-1은 하면 안 되는 말인지 이해가 되나요? 무관사와 사용된 dog은 '개고기'를 뜻하기 때문입니다. 개를 진정 사랑하는 사람이라면 ④-2라고 해야 합니다.

동물이 아닌 고기를 뜻한다는 것을 확실히 하려면 ⑤에서처럼 meat을 사용할 수 있습니다.

⑤ **South Korea's President Moon says it's time to consider a ban on eating dog meat.**[18]
대한민국의 문 대통령은 개고기 섭취 금지를 고려할 때라고 말한다.

고기를 뜻할 때는 무관사를 사용하는 것이 원칙인데 닭 한 마리를 통째로 요리하였으면 ⑥과 같이 부정관사를 사용할 수 있습니다.

⑥ **I've got a chicken.**
통째로 요리한 닭고기가 있어.

물론, 위 문장은 '살아 있는 닭이 한 마리 있다.'라는 뜻도 됩니다.

⑦ **Have you ever shot duck?**[19]
= ducks(≠duck meat)
오리를 쏴 본 적 있어?

chicken과 달리 turkey와 duck은 -s를 붙이지 않고 복수형으로 사용될 수도 있습니다. 사냥꾼들이 주로 ⑦에서처럼 -s를 붙이지 않고 복수로 사용한다고 합니다.

그런데 만약 ⑦에서 duck 대신 chicken이라고 하면 '닭고기를 쏴 본 적 있어?'라는 우스꽝스러운 문장이 됩니다. turkey와 duck이 -s를 붙이지 않고 복수형으로 사용될 수 있는 이유는 이 동물들은 사냥감이기 때문입니다.

영어에서 사냥(deer(사슴), boar(멧돼지), bison(들소)) 또는 낚시(salmon(연어), trout(송어), bass(농어))로 잡는 동물은 단수형과 복수형이 같은 경우가 많습니다. 단수형과 복수형이 같다는 것은 사실 불가산명사와 비슷하다는 것입니다. 잡아서 먹는 동물은 불가산명사인 meat처럼 여겨져서 복수일 때도 -s를 붙이지 않는 것이죠.

이 것 만 은 확 실 히 !

1 동물을 지칭하는 명사를 불가산명사로 사용하면 '고기'라는 뜻이 더해진다.
   e.g. I like Ø turkey. This is Ø chicken.

2 '사냥감'을 뜻하는 game은 불가산명사다.
   e.g. That's Ø fair game.

3 deer, boar, bison, salmon, trout, bass처럼 사냥 또는 낚시로 잡아서 먹는 동물은 불가산명사인 meat처럼 여겨져서 복수일 때도 -s를 붙이지 않는다.

Lesson 11) a piece of에서 piece는 '조각'이 아니라고?

Q 다음 빈칸에 들어갈 단어는 무엇일까요?

> I had two ____ of toast for breakfast.
> 나는 아침으로 토스트 두 개를 먹었어.

A toast(토스트, 구운 빵)는 bread와 마찬가지로 불가산명사입니다. '토스트 두 개'라는 해석에 가장 어울리는 표현은 two pieces of toast입니다. two slices of toast도 자주 사용되는 표현인데, 이 표현의 해석은 '토스트 두 장'이 되겠죠. 여기서 주목할 점은 위 문장에서 piece는 '(작은) 조각'을 뜻하지 않고, 불가산명사를 셀 때 사용하는 단위인 '개(個)'를 뜻한다는 것입니다. 그래서 큰 물체를 셀 때도 사용될 수 있죠.

불가산명사는 문법적으로 복수형이 없는 명사이지만 현실에서는 불가산명사도 세야 할 때가 있습니다. 이때 사용하는 표현을 '부분사partitive'라고 합니다. 부분사의 대표적인 예는 a piece of이죠.

부분사로 사용된 piece는 '(작은) 조각'이 아니라 세는 단위 '개'를 뜻합니다. 따라서 ①-1에서 a piece of toast는 '토스트 한 조각'을 뜻하지 않고 '하나 전체'를 뜻합니다.

①-1 We had a piece of Ø toast.
우리는 토스트 한 개를 먹었어.

반면에 toast가 ①-2에서처럼 가산명사로 사용되면 전혀 다른 뜻이 됩니다.

①-2 We had a toast.
우리는 건배를 했어.

부분사에서 piece는 '조각'이라는 뜻이 아니므로 a piece of는 ②에서처럼 큰 기계와도 함께 사용됩니다.

② This large machine is an important piece of equipment.
이 큰 기계는 하나의 중요한 장비입니다.

Lesson 4에서 설명한 것처럼 한국어 명사도 모두 문법적으로는 불가산명사이므로 명사의 수량을 나타낼 때 사용하는 표현을 영어로 바꾸면 자연스럽게 부분사가 됩니다. ③에서 '한 접시'에 해당하는 표현이 a plate of도 부분사입니다.

③ I ate a plate of turkey.
나는 칠면조고기 한 접시를 먹었어.

아래는 영어의 다양한 부분사와 그리고 각각의 부분사와 흔히 함께 사용되는 불가산명사물질명사와 추상명사를 표로 정리한 것입니다.

〈부분사 + 불가산명사〉

물질명사		추상명사	
a glass of milk	우유 한 잔	a ray of sunshine	한 줄기 햇살
a cup of tea	차 한 잔	a fit of anger	분노의 발작
a spoonful of sugar	설탕 한 스푼	a sense of humor	유머 감각
a loaf of bread	빵 한 덩어리	a glimmer of hope	한 줄기 희망
an ear of corn	옥수수 한 알	a stroke of luck	운수 하나
a drink of water	물 한 모금	a feeling of sorrow	슬픔의 감정
a drop of blood	핏방울 한 방울	a grain of truth	한 톨의 진실
a speck of dust	먼지 한 점	a pang of guilt	죄책감 하나
a coat of paint	페인트 한 겹	a breath of fresh air	상쾌한 공기

a pinch of salt	소금 한 꼬집	a rush of joy	기쁨의 쇄도
a gust of wind	바람 한 줄기	a burst of energy	에너지 폭발
a sheet of paper	종이 한 장	a spark of creativity	창의력의 불꽃
a block of ice	얼음 한 덩어리	a piece of advice	조언 하나

위 표에 제시된 부분사는 거의 모두 한국어로 직역됩니다. 그런데 ④에서는 a grain of salt를 '소금 한 톨'로 직역하면 안 됩니다.

④ These statistics should be taken with a grain of salt. (COCA:2019:ACAD)
이 통계는 곧이곧대로 믿으면 안 된다.

take ~ with a grain of salt는 '~을 곧이곧대로 믿으면 안 된다'라는 뜻의 숙어입니다. 이 숙어에서 a grain of salt는 a grain of skepticism의심으로 해석하는 것이 맞습니다. a grain of truth한 톨의 진실에서처럼 a grain of는 추상명사와 함께 비유적인 표현으로 자주 사용됩니다.

부분사는 가산명사와도 함께 사용될 수 있습니다. ⑤는 1994년에 개봉한 영화 〈Forrest Gump〉의 유명한 대사이죠.

⑤ My mom always said life was like a box of chocolates. You never know what you're gonna get. 부분사+복수가산명사
엄마는 항상 인생은 초콜릿 한 상자와 같다고 말씀하셨어요. 어떤 초콜릿을 먹게 될지 절대 알 수 없다고요.

특히 a flock of birds와 a school of fish에서처럼 동물의 무리를 나타낼 때 부분사가 가산명사와 자주 사용됩니다. 사자의 무리는 ⑥에서처럼 pride라고 합니다. 미국 수능시험인 SAT에서도 종종 등장하는 단어이죠.

⑥ Within eyesight, a pride of lions lounged in the afternoon sun.
(COCA:2008:FIC)
눈앞에 사자 한 무리가 오후 햇살 속에 누워 있었다.

이 것 만 은 확 실 히 !

1 불가산명사를 셀 때는 a piece of와 같은 '부분사(partitive)'를 사용한다.
   e.g. We had a piece of Ø toast.

2 부분사에서 piece는 '(작은) 조각'이 아니므로 a piece of는 큰 기계에도 사용된다.
   e.g. This large machine is an important piece of equipment.

3 부분사는 가산명사와도 함께 사용될 수 있다.
   e.g. Life is like a box of chocolates.

Lesson 12

a dozen of bagels는 왜 틀린 말일까?

Q 아래 문장의 빈칸에 들어갈 알맞은 표현은 무엇일까요?

Isaiah ate _____ bagels yesterday.
이사야는 어제 12개의 베이글을 먹었다.

ⓐ a dozen   ⓑ a dozen of

A 위 문장의 빈칸에 알맞은 표현이 'ⓑ a dozen of'라고 잘못 알고 있는 학생들이 많습니다. a piece of와 같은 형태로 사용된다고 잘못 생각하고 있는 것이죠. 하지만 정답은 'ⓐ a dozen'입니다. dozen은 12라는 정확한 숫자를 나타내는 단어이기 때문입니다.

①-1에서 a hundred 다음에는 of가 사용될 수 없습니다. hundred는 100이라는 정확한 숫자를 나타내기 때문입니다.

①-1 I will [kiss you] if you give me a hundred dollars, Mom.
(COCA:2006:FIC)   *a hundred of dollars
엄마, 100달러 주시면 (뽀뽀해) 드릴게요.

①-2에서처럼 a hundred 대신 복수명사 hundreds가 사용되면 of를 사용해야 합니다. hundreds는 더 이상 정확한 숫자를 나타내지 않기 때문이죠.

①-2 A 17-year-old shouldn't spend hundreds of dollars on clothes.
(COCA:2014:MAG)
17살은 옷에 수백 달러를 써서는 안 된다.

a hundred 뒤에 of가 오려면 아래 예문에서처럼 대명사, 정관사, 지시한정사, 소유한정사가 꼭 나와야 합니다. (정관사, 지시한정사, 소유한정사는 모두 '중치한정사'입니다.)

①-3   There were more than a hundred of **them**. (COCA:2018:FIC)
                                              대명사
   그들의 수가 백 명이 넘었다.

①-4   I had purchased a hundred of **the** same envelopes. (COCA:2017:FIC)
                                       정관사
   나는 같은 봉투를 백 개 샀다.

①-5   I had a hundred of **those** toy horses. (COCA:1990:NEWS)
                          지시한정사
   나는 그 장난감 말을 백 개 가지고 있었다.

①-6   More than a hundred of **her** planes were shot down. (COCA:1990:FIC)
                                소유한정사
   그녀의 비행기 100대 이상이 격추되었다.

dozen도 12라는 정확한 숫자를 나타내는 단어이므로 hundred와 똑같이 사용됩니다. 따라서, ②는 비문이고 ⓐ~ⓔ 중 하나로 수정을 해야 합니다.

②   *Isaiah ate a dozen of Ø bagels yesterday.
          → ⓐ a dozen bagels
            ⓑ a dozen of them
            ⓒ a dozen of the fresh bagels
            ⓓ a dozen of these bagels
            ⓔ a dozen of my bagels

③이 비문인 이유는 dozen이 복수로 사용되었기 때문입니다. 200을 two hundred라고 하지 two hundreds라고 하지는 않죠.

③   *Isaiah bought two dozens of these bagels.
          → ⓐ two dozen of these bagels
            ⓑ two dozen bagels

만약 ④에서처럼 two hundred 앞에 형용사 estimated가 있을 때는 부정관사가 사용될 수 있습니다.

④ The police found themselves confronted by an estimated two hundred youths.[20]
경찰은 약 200명의 청소년과 마주하게 되었다.

숫자를 나타내는 다른 단어로는 score=20가 있습니다. "government of the people, by the people, for the people, shall not perish from the earth(국민을 위한, 국민에 의한, 국민의 정부는 지상에서 멸망하지 않을 것이다)"라는 명언으로 유명한 링컨 대통령의 '게티즈버그 연설 the Gettysburg Address'은 다음과 같이 시작합니다.

⑤-1 Four score and seven years ago, our fathers brought forth on this continent a new nation.
87년 전, 우리 조상들은 이 대륙에 새로운 나라를 세웠습니다.

score는 '정확히 20'을 뜻합니다. 따라서 Four score and seven years는 87년을 뜻하죠. 남북전쟁이 한창이던 1863년에 게티즈버그 연설을 하였으니 그해의 87년 전은 미국 독립선언문이 공포된 1776년입니다.

링컨 대통령이 Eighty-seven years ago 대신 Four score and seven years ago라는 표현을 사용한 이유는 1611년에 발간된 〈킹 제임스 성경 the King James Bible〉에 score가 숫자 20을 뜻하는 단어로 사용되기 때문입니다. 엄숙한 분위기를 만들기 위해 성경책에 나오는 표현으로 연설을 시작했던 것이죠.

그런데 사실 1800년대에도 일상대화에서는 score가 숫자 20을 뜻하는 단어로 사용되지 않습니다. 요즘에는 물론 score가 '정확히 20'을 뜻하는 단어로 사용되지 않습니다. ⑤-2에서 a score 뒤에 of가 사용된 이유도 score가 '스무 개 정도'라는 뜻으로 사용되었기 때문입니다.

⑤-2 They began unloading sacks from a score of animals.
(COCA:2014:FIC)
그들은 20여 마리의 동물로부터 부대를 내리기 시작했다.

만약 '정확히 20마리의 동물'이라고 말하려면 of 없이 a score animals라고 해야 합니다. 그런데 그렇게 말하면 이해하는 원어민이 아무도 없습니다. 그냥 20 animals라고 하기 때문이죠.

이 것 만 은 확 실 히 !

1 정확한 숫자 다음에는 of를 사용하지 않는다.
  - e.g. Give me a hundred dollars.
    I ate a dozen bagels.

2 불특정한 숫자를 나타내는 단어 뒤에는 of를 사용한다.
  - e.g. Don't spend hundreds of dollars on clothes.
    We don't need dozens of bagels.

3 현대 영어에서 score는 '스무 개 정도'라는 불특정한 뜻으로 사용되므로 a score 뒤에 of가 사용된다.
  - e.g. They began unloading sacks from a score of animals.

Lesson 13

a couple years는 맞는 표현인가?

Q 아래 문장의 빈칸에 들어갈 알맞은 표현은 무엇일까요?

Isaiah ate _____ doughnuts yesterday.
이사야는 어제 두어 개의 도넛을 먹었다.

ⓐ a couple   ⓑ a couple of

A couple은 '한 쌍', '두 개'라는 뜻입니다. 숫자 2를 뜻하지는 않죠. couple은 dozen 또는 hundred처럼 숫자를 뜻하는 단어가 아니므로 문법적으로는 'ⓐ a couple doughnuts'라고 할 수 없습니다. 'ⓑ a couple of doughnuts'라고 해야죠. 그런데 일상 대화에서는 a couple doughnuts라고 말하는 원어민도 많습니다.

많은 영어사전이 dozen을 '12개', couple을 '두 개'로 정의하고 있어 dozen과 couple이 비슷한 단어처럼 느껴질 수 있지만 그렇지 않습니다. dozen은 정확한 '숫자 12'를 뜻하는 단어지만, couple은 숫자 2를 뜻하지 않고 '한 쌍'을 뜻하는 단어입니다. couple은 '연결tie, link'을 뜻하는 라틴어 명사copula에서 유래하였고, dozen은 '숫자 12twelve'를 뜻하는 라틴어 명사duodecim에서 유래하였기 때문입니다.

숫자 12를 뜻하는 단어인 dozen이 사용되게 된 이유는 로마 시대부터 상거래를 할 때 주로 12개의 단위로 물건을 사고팔았기 때문입니다. 10개가 아닌 12개의 단위로 거래한 이유는 10은 2와 5로만 나뉘지만 12는 2, 3, 4, 6으로 나뉠 수 있어서 다양한 양으로 거래할 수 있었기 때문입니다.

한국어에서는 '서너 개'라는 표현을 자주 사용하는데, 영어에는 그런 표현은 없고 'a couple of두어 개'라는 표현을 사용합니다.

> ①-1 She's maybe **a couple of years** older than Liv. (COCA:2019:FIC)
> 그녀는 아마 리브보다 두어 살 더 많을 거야.

a couple of는 '정확히 두 개'를 뜻하지 않습니다. 그런데 재밌는 것은 일상 대화에서 a couple도 a couple of와 같은 뜻으로 사용된다는 것입니다.

> ①-2 He already looked **a couple years** younger. (COCA:2019:FIC)
> 그는 이미 두어 살 더 젊어 보였다.

COCA에서 a couple of years는 7,220회가 검색되고 a couple years는 2,340회가 검색되는데, a couple years는 주로 미국 영어에서 사용되는 비격식적인 표현입니다.[21]

a couple of는 a piece of와 구조는 같지만, 부분사가 아니고 '수량사구 phrasal quantifier'입니다. 부분사는 two pieces of information처럼 복수형으로 사용할 수 있지만, 수량사구는 복수형을 사용하면 비문이 됩니다.

> ② There were *****two couples of** problems with the opening act.[22]
> 오프닝 액트에는 두어 개의 문제가 있었다.

'수량사quantifier'란 some, any, many, much, few, little, all과 같이 '불

특정한 수량'을 나타내는 단어입니다. a couple of, a lot of, a number of, plenty of처럼 '불특정한 수량'을 나타내는 구는 수량사구라고 하죠.

③-1 I read some/many/all books.

③-2 *I read some/many/all of Ø books.
→ ⓐ some/many/all of the books
ⓑ some/many/all of these books
ⓒ some/many/all of her books

수량사는 모두 한정사입니다. 따라서 ③-1에서처럼 명사 앞에 단독으로 사용할 수 있지만, ③-2에서처럼 of와 함께 사용되면 명사 앞에 정관사, 지시한정사, 또는 소유한정사가 꼭 나와야 합니다.

부분사와 수량사구를 구분하는 또 하나의 중요한 이유는 주어와 동사의 일치입니다.

④ A box of chocolates is full of surprises. (COCA:1996:MAG)
부분사(주어 = A box)
초콜릿 상자는 놀라움이 가득하다.

⑤ A couple of cars were ticketed and the message got across.
주어
(COCA:1998:NEWS)
몇 대의 차가 티켓을 받았고, 그 메시지는 퍼졌다.

④에서 chocolates는 전치사 of의 목적어이므로 주어가 될 수 없습니다. 반면에, ⑤에서 주어가 couple이 아니고 cars가 되는 이유는 모든 수량사(구)는 한정사이기 때문입니다. 관사가 주어가 되지 못하고 뒤에 나오는 명사가 주어가 되는 것처럼, a couple of도 한정사이므로 뒤에 나오는 명사가 주어가 되는 것이죠.

⑥-1 The number of Saudi students in the U.S. has surged since
　　　　　주어
　　　2005. (COCA:2019:NEWS)
　　　2005년 이후 미국에 유학하는 사우디 학생 수가 급증했습니다.

⑥-2 Historically, a number of people have been cited as the Father
　　　　　　　　　수량사구(=한정사)　주어
　　　of the GI Bill. (COCA:2019:NEWS)
　　　역사적으로, GI 법안의 창시자로 많은 사람이 거론됐다.

마찬가지로 ⑥-1에 Saudi students는 of의 목적어이므로 주어가 되지 못하지만, ⑥-2에서는 수량사구인 a number of 뒤에 나오는 명사 people이 주어가 됩니다.

⑦ All we need now is a couple of pieces of information.
　　　　　　　　　　　수량사구　　　부분사
　　(COCA:2019:FIC)
　　지금 우리에게 필요한 것은 몇 가지의 정보뿐이다.

수량사구는 한정사이므로 ⑦에서처럼 부분사 앞에 사용될 수도 있습니다. a couple of, a lot of, a number of와 달리, plenty of 앞에는 부정관사가 없습니다. 그래서 학생들이 ⑧-1과 같은 오류를 자주 범합니다.

⑧-1 *There is also a plenty of common things between young
　　　people and older people.[23]
　　　젊은이와 노년층 사이에는 많은 공통점도 있다.

위 문장을 수정하면 ⑧-2와 같이 됩니다. (young과 old 앞에 the가 생략된 이유는 Lesson 24 참고)

⑧-2 There are also plenty of common things between young and
　　　old.

plenty of는 a couple of와 같은 수량사구이므로 주어는 common things 가 됩니다. 따라서 동사가 are로 바뀌어야 하죠.

이 것 만 은 확 실 히 !

1 couple은 '숫자 2'를 뜻하지 않으므로 'a couple of(= 두어 개)'가 문법적으로 맞는 표현이고 'a couple+명사'는 비격식적인 표현이다.

e.g. She's a couple of years older than Liv.

2 some, many, all과 같은 수량사가 of와 함께 사용되면 명사 앞에 정관사, 지시한정사, 또는 소유한정사가 나와야 한다.

e.g. *I read some/many/all of Ø books.
→ ⓐ some/many/all of the books
  ⓑ some/many/all of these books
  ⓒ some/many/all of her books

3 부분사와 달리 a couple of와 같은 수량사구는 한정사로 취급되므로 뒤에 오는 명사가 주어가 된다.

e.g. A box of chocolates is full of surprises.
        주어

A couple of cars were ticketed.
            주어

4 수량사구 중 유독 plenty of 앞에만 부정관사가 없다.

e.g. There are also plenty of common things between young and old.

Lesson 14: a half of와 half of 둘 다 맞다고?

Q 아래 문장의 빈칸에 들어갈 알맞은 표현은 무엇일까요?

_____ students came to class today.
오늘 수업에 학생이 거의 오지 않았다.
ⓐ A few　　ⓑ Few

A few와 little은 부정관사와 함께 사용될 때와 그렇지 않을 때의 뜻이 완전히 다릅니다. a few는 '몇몇 있는'이라는 뜻으로 가산명사와 함께 사용되고, a little은 '조금 있는'이라는 뜻으로 불가산명사와 함께 사용됩니다. 그런데 few와 little은 '거의 없는'이라는 뜻이죠. 따라서 위 문장의 해석에 맞는 표현은 'ⓑ Few'입니다.

수량사와 수량사구를 가산·불가산 명사와 모두 함께 쓰일 수 있는 것, 가산명사와만 함께 쓰이는 것, 불가사명사와만 함께 쓰이는 것으로 분류하면 다음과 같습니다.

<수량사와 수량사구>

가산·불가산명사		가산명사		불가산명사	
all	모든	every/each	모든/각각	much	많은
half	절반의	several	몇몇의		
some	약간, 조금	both	둘 다		
any	어느, 어떤	many	많은		
enough	충분한	few	거의 없는	little	거의 없는
plenty of	많은	a few	몇몇 있는	a little	조금 있는
lots of	많은	a couple of	두어 개(명)의	a fair amount of	꽤 많은
a lot of	많은	a number of	많은	a great deal of	매우 많은

위 표에서 few와 little처럼 부정관사와 함께 사용될 수 있는 단어가 또 하나 있는데, 그 단어는 half입니다. 그런데 few, little과 달리 half는 부정관사와 함께 사용되어도 뜻이 변하지 않습니다. 다른 수량사와 달리 half는 분수로도 사용될 수 있기 때문입니다.

① -1 If even half of this info is true, that's good. (COCA:2019:NEWS)
이 정보의 절반만이라도 사실이라면 다행이다.

① -2 Anywhere from a third to a half of the population cannot read or write. (COCA:2000:NEWS)
인구의 3분의 1에서 절반은 읽고 쓸 줄을 모른다.

①-1에서 half는 수량사가 대명사로 사용된 것이고 ①-2에서 a half는 분수로 사용된 것입니다. half가 some, many, all과 같은 수량사라는 것을 모르

고, ①-1이 비문이라고 잘못 생각하는 학생이 많습니다. half를 일반 가산명사라고 착각해 꼭 a half라고 써야 한다고 생각하죠.

half of와 a half of는 큰 의미 차이가 없는데, a half(또는 one half)는 분수이므로 '통째로 된 절반'을 의미합니다. 따라서 ②에서 a half는 '계속된 한 주'를 뜻합니다.

② The weather had been unexpectedly rough for nearly a half of the two-week winter cruise.²⁴
2주의 겨울 유람선 동안 거의 절반이 계속해서 예상치 않게 날씨가 좋지 않았다.

반면에 half는 '계속된 한 주' 또는 '띄엄띄엄 일주일간'을 뜻할 수도 있습니다. 그래서 중의적 의미를 가진 half of가 a half of보다 자주 사용됩니다.

분수와 백분율의 특이한 점은 of 뒤에 정관사, 소유한정사, 또는 지시한정사가 꼭 사용되지 않아도 된다는 것입니다.

③-1 One percent of Ø students take drugs.²⁵

③-2 At Harvard, 21 percent of Ø students are Asian. (COCA:2019:NEWS)

③-1에서는 students가 불특정한 학생을 지칭한다고 생각할 수 있지만, ③-2에서 students는 하버드 대학의 모든 학생을 지칭하므로 정관사가 필요할 것 같은데도 관사가 없습니다.

마찬가지로, ④-1과 ④-2는 비슷한 맥락인데 전자에는 무관사, 후자에는 정관사가 사용되었습니다.

④-1 In Ohio, only 40 percent of Ø students come ready to kindergarten. (COCA:2019:NEWS)
오하이오주에서는 학생의 40%만이 유치원에 갈 준비가 되어 있다.

④-2 In Seattle, 36 percent of the students are eligible for the free- or reduced-lunch program. (COCA:2017:NEWS)
시애틀에서는 학생의 36%가 무료 또는 할인 급식 프로그램의 혜택을 받을 수 있다.

분수를 포함하는 ⑤에서도 두 예시가 같은 맥락임에도 불구하고 첫 번째 예시에는 무관사가 사용되었고, 두 번째 예시에는 정관사가 사용되었습니다.

⑤-1 Two thirds of Ø Colorado citizens are in favor of the death penalty. (COCA:2014:NEWS)
콜로라도 주민의 3분의 2가 사형을 지지합니다.

⑤-2 Two thirds of the Trump voters have stopped watching an awards show. (COCA:2017:NEWS)
트럼프 지지자의 3분의 2가 시상식 시청을 중단했다.

이 것 만 은 확 실 히 !

1 a few는 '몇몇 있는', a little은 '조금 있는'이라는 뜻이지만, few와 little은 '거의 없는'이라는 뜻이다.
   e.g. Few students came to class today.

2 수량사인 half는 분수로도 사용될 수 있으므로 half of와 a half of가 모두 가능하고 뜻이 거의 동일하다.
   e.g. (A) half of the population cannot read or write.

3 분수와 백분율은 of 뒤에 정관사, 소유한정사, 또는 지시한정사가 꼭 사용되지 않아도 된다.
   e.g. At Harvard, 21 percent of (the) students are Asian.

15 What kinds of watch가 맞는 말이라고?

Q 아래 문장의 빈칸에 들어갈 가장 알맞은 관사는 무엇일까요?

What kind of _____ phone do you have?
년 어떤 종류의 핸드폰을 가지고 있어?

ⓐ 무관사　　ⓑ 정관사　　ⓒ 부정관사

A 우선 위 문장의 빈칸에 'ⓑ 정관사'는 사용될 수 없습니다. '어떤 전화'가 특정한 전화를 지칭하지 않기 때문이죠. 'ⓒ 부정관사'는 가능하지만 가장 알맞은 관사는 'ⓐ 무관사'입니다.

a kind of 뒤에는 ①에서처럼 관사를 사용하지 않는 것이 원칙입니다.

① It's supposed to be a kind of Ø house. (COCA:2005:FIC)
   그건 일종의 집이래.

따라서 ②-1에서도 watch앞에 무관사가 사용되었습니다. 그리고 ②-2에서 처럼 복수형인 kinds of와도 무관사를 사용합니다.

②-1 What kind of Ø watch does he have?
    그는 어떤 종류의 시계를 가지고 있어?

②-2 What kinds of Ø watch does he have?
    그는 어떤 종류의 시계들을 가지고 있어?

③-1에서처럼 watch 앞에 부정관사를 사용하거나, ③-2에서처럼 kinds of 와 복수명사를 사용하는 것도 가능합니다. 특히, 'kinds of + 복수명사'는 흔히 사용되죠.

③-1 What kind of a watch does he have?

③-2 What kinds of watches does he have?

하지만 학술적인 글쓰기에서는 간결성brevity을 중요시하므로 모두 Ø watch를 사용하는 것이 좋습니다. ④의 a make of와 같이 a kind of와 비슷한 뜻을 가진 표현 뒤에는 모두 관사를 사용하지 않는 것이 원칙입니다.

④ A Ford is a make of Ø car.[26]
    Ford는 자동차 제조사의 하나다.

a kind of와 비슷한 표현으로 a sort종류 of, a type유형 of, a class부류 of, a breed품종 of, a variety변종 of, a category범주 of가 있고 모두 무관사와 함께 사용됩니다. ⑤에서도 무관사가 사용되었습니다.

⑤ *A/an* and *the* are articles. They are a type of Ø determiner and they go before a noun.[27]
    A/an과 the는 관사이다. 이들은 한정사의 일종이며 명사 앞에 온다.

a kind of 뒤에 무관사가 사용되는 이유는 가산명사가 a kind of 뒤에서는 불가산명사로 바뀌기 때문입니다.[28] 가산명사가 불가산명사로 사용될 수 있다는 것이 믿기지 않는다고요? ⑥과 ⑦에서도 car와 computer가 모두 much의 꾸밈을 받고 있으므로 불가산명사로 사용되었습니다.

⑥ Most commuters drive around in way too much car. (COCA:2015:MAG)
　대부분 통근자는 자신에게 너무 과한 차를 몰고 다닌다.

⑦ The key is to buy as much computer as you can afford.
　(COCA:2012:MAG)
　형편이 되는 만큼 비싼(많은 기능을 가진) 컴퓨터를 사는 것이 중요하다.

사실은 가산명사가 불가산명사로 바뀌는 것보다는 불가산명사가 가산명사로 바뀌는 경우가 훨씬 더 많습니다. ⑧에서처럼 추상명사가 부정관사와 함께 사용되었을 때는 'an instance예 of 추상명사'로 해석됩니다.

⑧-1 You did me a kindness. (COCA:2013:FIC)
　　당신은 나에게 친절을 베풀었습니다.

⑧-2 I felt only an emptiness. (COCA:2019:FIC)
　　나는 공허함만을 느꼈다.

⑨에서는 물질명사가 부정관사와 함께 사용되어 'a unit개 of+물질명사'로 해석되었습니다.

⑨-1 We can have a coffee and chat. (COCA:1996:FIC)
　　우리 커피 한 잔 마시며 얘기하자.

⑨-2 Maybe I can get a tea or something. (COCA:2002:FIC)
　　아마 차 한 잔이나 뭐 마실 수 있겠죠.

⑩에서는 물질명사가 복수가산명사로 사용되어 'a kind종류 of+물질명사'로 해석되었습니다.

⑩-1 Each person needs different foods for different reasons.
　　(COCA:1996:MAG)
　　사람마다 각기 다른 이유로 서로 다른 음식을 필요로 한다.

⑩-2 You could pair the food with **seven different wines.** (COCA:2006:MAG)
음식과 함께 <u>일곱 가지의 다른 와인</u>을 곁들일 수 있다.

물질명사가 단수가산명사로 사용되면서 'a kind of+물질명사'로 해석될 때는 ⑪에서처럼 형용사와 함께 사용되는 경우가 많습니다.

⑪-1 No one's cut from **a different cloth.** (COCA:2013:MAG)
누구도 <u>다른 천</u>으로 만들어지지 않았다. (= 누구도 특별히 다르지 않다.)

⑪-2 Every morning my mother cooked **a hot breakfast** for all five kids. (COCA:2015:NEWS)
매일 아침 어머니는 다섯 아이 모두를 위해 <u>따뜻한 아침 식사</u>를 요리하셨다.

물질명사가 단수가산명사로 사용되면서 'a kind of+물질명사'로 해석되는 예는 전문적인 글쓰기 technical writing에서도 자주 접할 수 있는데, ⑪에서처럼 형용사의 꾸밈을 받거나 ⑫에서처럼 관계대명사의 꾸밈을 받는 경우가 대부분입니다.

⑫ **A rice that can resist certain types of diseases** should be introduced to the farmers of the region.[29]
특정 유형의 질병에 잘 견디는 쌀이 이 지역의 농부들에게 소개되어야 한다.

추상명사가 형용사의 꾸밈을 받으면 a certain quaint <u>charm</u>어떤 예스러운 매력에서처럼 부정관사와 함께 사용될 수도 있고, a man of Ø immense personal <u>charm</u>엄청난 개인적 매력의 남자에서처럼 무관사와 함께 사용될 수도 있습니다.[30]

COCA에서 with Ø passion은 724회가 검색되고, with a passion은 716회가 검색되므로 사용 빈도수의 차이는 거의 없습니다. 그런데 주로 with passion은 ⑬-1과 같이 긍정적인 맥락에서 사용되고, with a passion은 ⑬-2와 같이 부정적인 맥락에서 사용됩니다.

⑬-1 She speaks with Ø passion, and tears appear in her eyes.
(COCA:2007:FIC)
그녀는 열정적으로 말을 하고, 그녀의 눈에는 눈물이 고인다.

⑬-2 She loved history but hated math with a passion. (COCA:2014:MAG)
그녀는 역사를 아주 좋아했지만, 수학은 몹시 싫어했다.

이쯤 되면 "가산명사와 불가산명사를 나눌 필요가 있나?"라는 의문이 듭니다. 사전에도 가산명사와 불가산명사로 모두 사용될 수 있는 단어로 정의된 명사가 많습니다. ⑭는 Oxford Advanced Learner's Dictionary에 등재된 disease의 정의인데 불가산명사U=uncountable noun와 가산명사C=countable noun로 모두 사용될 수 있다고 나옵니다.

⑭ disease: [U, C] an illness affecting humans, animals or plants, often caused by infection[31]
질병: 사람, 동물 또는 식물에 영향을 미치는 질병으로, 종종 감염으로 인해 발생한다.

명사 관련 가장 유명한 학술 논문에 의하면 영어의 명사는 모두 불가산명사이고 8등급의 가산성으로 나눌 수 있다고 합니다.[32] 어떤 명사가 가산·불가산명사인지를 외우는 것보다 어떤 명사가 어떤 상황에서 가산 또는 불가산명사로 사용되는지를 터득하는 것이 더 중요하다는 얘기죠. 비원어민으로서는 정말 쉽지 않은 일입니다.

그래서 저는 영어에서 명사를 제일 싫어합니다. 저도 논문을 쓰면서 "이 명사 앞에 부정관사를 써야 하나?"라고 고민할 때가 많기 때문이죠. ⑮는 제가 MIT에서 대학원생들에게 영작문을 가르칠 때 사용했던 교재에 나오는 문장인데, 영어 명사로 인해 짜증 날 때마다 이 문장을 떠올리곤 합니다.

⑮ *Research* is an uncountable noun for the vast majority of native speakers; however, it is not at all inconceivable that it may someday become countable—perhaps **as a result of pressure from nonnative speakers.**[33]

<small>Research는 대부분의 모국어 화자에게는 셀 수 없는 명사이다. 하지만 언젠가는 셀 수 있는 명사가 될 가능성도 전혀 배제할 수 없다. 아마도 비모국어 화자의 압력으로 인해 그렇게 될 수도 있을 것이다.</small>

이 것 만 은 확 실 히 !

1 가산명사는 kind(s) of 뒤에서 불가산명사로 바뀐다.

> e.g. What kind of Ø watch does he have?
> What kinds of Ø watch does he have?

2 a kind of와 비슷한 뜻을 가진 표현 뒤에는 모두 관사를 사용하지 않는 것이 원칙이다.

> e.g. A Ford is a make of Ø car.

3 가산명사도 불가산명사로 사용될 수 있고, 불가산명사도 가산명사로 사용될 수 있다.

> e.g. Most commuters drive around in way too much car.
> I felt only an emptiness.

4 어떤 명사가 어떤 상황에서 가산 또는 불가산명사로 사용되는지를 파악하는 것이 중요하다.

정관사

The Definite Article

Lesson 16) 처음 나오는 명사 앞에도 the를 쓴다고?

Q 다음 문장에서 관사는 제대로 사용된 것일까요?

I had a basketball, but I lost the basketball.
난 농구공이 있었는데, 잃어버렸어.

A 위 문장에서 basketball이 처음 언급될 때는 a가 사용되었고, 두 번째 언급될 때는 the가 사용되었으니 관사의 용법에는 문제가 없습니다. 하지만 basketball이 반복된 것이 문제입니다. the basketball 대신 대명사 it을 사용하는 것이 훨씬 더 자연스럽습니다.

정관사의 용법은 아주 간단합니다. 특정한 명사 앞에 사용하면 되죠. 그런데 이렇게 간단한 용법이 왜 어렵게 느껴질까요? 정관사가 어려운 이유도 아주 간단합니다. 명사가 특정한 경우가 많기 때문이죠. 가장 잘 알려진 특정한 경우는 ①에서처럼 같은 명사가 반복될 때입니다.

① I had a basketball and a soccer ball, but I lost the basketball.
난 농구공과 축구공이 있었는데, 농구공은 잃어버렸어.

①에서 the basketball 대신 it을 사용할 수 없는 이유는 앞에 있는 a soccer ball 때문입니다. 대명사 it은 basketball과 soccer ball을 모두 지칭할 수 있으므로 정관사를 사용해서 the basketball이라고 한 거죠. 그럼 ②에서는 왜 앞에 언급된 적이 없는 dog 앞에 정관사가 사용되었을까요?

② My next-door neighbor has a poodle, and my children adore the lovely dog.
우리 옆집에 푸들이 있는데, 우리 아이들은 그 사랑스러운 개를 정말 좋아해요.

poodle은 dog의 한 종류이므로 the lovely dog는 a poodle을 지칭합니다. 같은 명사구를 반복하는 대신 the lovely dog이라고 한 것이죠. ③에서 처음 언급된 Sky Traveller가 정관사와 함께 사용된 이유도 같습니다.

③ "A joke," protested Loki, dangling a foot off the ground.
"What kind of a joke?" shouted Thor, not loosening his grip for one moment.
"Only a joke," whined the Sky Traveller.[1]
"장난이었어." 한쪽 발이 공중에 매달린 채 로키가 항의했다.
"무슨 장난?" 손아귀를 잠시도 풀지 않으며 토르가 소리쳤다.
"장난이었을 뿐이야." 하늘의 여행자가 징징거렸다.

Sky Traveller가 정관사와 사용되었다는 뜻은 앞에 언급된 사람을 지칭한다는 의미입니다. 문맥상 "Only a joke."라고 말한 사람은 Loki이겠죠. 만약 the Sky Traveller 대신 a Sky Traveller라고 했다면 Loki와 Thor가 아닌 제3자가 말을 한 것으로 해석됩니다. 따라서 정관사가 처음 언급된 명사와 함께 사용되었을 때는 이미 언급된 다른 보통명사 또는 고유명사와 지시 대상이 같을 수 있다는 것을 기억해야 합니다.

②와 ③을 보면 '반복된 명사' 앞에 정관사를 사용하는 용법도 그렇게 간단하지만은 않다는 것을 알 수 있습니다. 그런데 사실 명사가 특정해지는 경우는 여섯 가지가 더 있습니다. 아래 표는 정관사와 함께 사용되는 특정한 명사의 종류를 정리한 것입니다.

<특정한 명사의 종류>[2]

Ⓐ 반복된 명사	anaphoric use(= second mention)
Ⓑ 언급된 명사와 관계있는 명사	associative use
Ⓒ 상황으로 알 수 있는 명사	situational use
Ⓓ 뒤에서 꾸밈을 받은 명사	cataphoric use(= post-modification)
Ⓔ 최상급 등으로 인한 유일한 명사	unique modifiers
Ⓕ 문화적인 요인으로 특정해진 명사	cultural reference

위 표에 정리된 여섯 가지 특정한 명사의 종류 중 정관사가 두 번째 언급된 명사와 사용되는 경우는 'Ⓐ 반복된 명사' 하나입니다. 나머지 다섯 가지 특정한 명사는 모두 처음 언급되었을 때 정관사와 함께 사용됩니다. 그리고 'Ⓐ 반복된 명사'에서도 ②와 ③에서처럼 처음 언급된 명사와 the가 사용되는 경우가 있으므로 정관사가 동일하게 반복된 명사와 함께 사용되는 경우는 많지 않습니다.

정관사의 각 용법이 실제 사용된 횟수를 조사한 연구에 따르면 'Ⓐ 반복된 명사'가 가장 많이 사용된 장르는 소설fiction입니다.[3] 그런데 동일한 연구에 따르면 일반 대화에서는 ④와 같은 'Ⓒ 상황으로 알 수 있는 명사'가 압도적으로 가장 많이 사용되었습니다.

④ Can you pass the salt, please?
　　소금 좀 건네주시겠어요?

위 여섯 가지 정관사의 용법 외에 종족대표용법(Lesson 22)도 있는데 이 경우에도 정관사는 처음 언급된 명사와 함께 사용됩니다. 위 표에 정리된 정관사의 용법 외에 설명이 잘되지 않는 용법들도 있습니다. 이런 용법들은 Part 3에서 설명하도록 하겠습니다. 정관사의 용법에 대한 전반적인 설명을 들으셨으니

이제 정관사가 왜 어려운지 이해되시나요? 자, 그럼 복잡한 정관사의 용법을 하나하나씩 함께 풀어 보도록 하겠습니다.

이 것 만 은   확 실 히 !

1 'Ⓐ 반복된 명사' 앞에 정관사를 사용한다.
   e.g. I had a basketball and a soccer ball, but I lost the basketball.

2 같은 명사를 반복하지 않고도 the를 사용할 수 있다.
   e.g. My next-door neighbor has a poodle, and my children adore the lovely dog.

3 반복된 명사를 제외한 다른 모든 정관사의 용법은 처음 언급된 명사와 함께 사용된다.

4 대화에서 가장 자주 사용되는 용법은 'Ⓒ 상황으로 알 수 있는 명사'이다.
   e.g. Can you pass the salt, please?

언급된 명사와 관계있는 명사 앞에는 the를 쓴다고?

Q 다음 문장의 빈칸에 들어갈 관사는 무엇일까요?

We've bought a new bed, but _____ mattress is too soft for me.
새 침대를 샀는데, 매트리스가 나한테는 너무 푹신해.

A 위 문장에서 bed와 mattress는 모두 처음 언급되는 명사입니다. 따라서 bed와 mattress 앞에 모두 부정관사를 사용해야 할 것 같은데, a mattress 라고 하면 이해할 수 없는 문장이 됩니다. 어떤 매트리스를 말하는지 알 수 없기 때문이죠. '새로 산 침대의' 매트리스가 너무 푹신다고 말하려면 the mattress라고 해야 합니다.

①-1에는 처음 나오는 명사가 두 개 있습니다. smartphone과 screen인데, 두 명사 앞에 부정관사가 사용되었습니다.

①-1 ?I bought <u>a new smartphone</u> last month, but <u>a screen</u> is shattered already.
지난달에 새 스마트폰을 샀는데 (어떤) 액정화면이 벌써 산산조각이 났어.

비문은 아니지만, a screen을 듣는 순간 청자는 혼란에 빠집니다. "왜 갑자기 다른 스마트폰의 액정화면 얘기를 하지?" "a screen이라면, 새로 산 스마트폰에 액정화면이 두 개 이상 있나?" ①-2에서처럼 부정관사를 정관사로만 바꾸면 청자의 혼란은 사라집니다.

①-2 I bought a new smartphone last month, but the screen is shattered already.
지난달에 새 스마트폰을 샀는데 액정화면이 벌써 산산조각이 났어.

screen이 처음 언급된 명사임에도 불구하고 정관사와 함께 사용되는 이유는 지난달에 산 새 스마트폰과 관계가 있기 때문입니다. the screen이라고 해야 '새로 산 스마트폰의 액정화면'이라는 뜻이 되죠. Lesson 16에서는 ②에서처럼 처음 언급된 명사(animal)도 앞에 나온 명사(snake)와 지시 대상이 같으면 정관사를 사용한다고 배웠습니다.

② My neighbor keeps a snake at home, and I'm completely terrified by the animal.
내 이웃집에서 뱀을 키우는데, 나는 그 동물이 너무 무서워.

①에서 smartphone과 screen은 지시 대상이 같지 않은데 the screen이 사용된 이유는 screen이 smartphone과 관계있는(속해 있는) 명사이기 때문입니다.

지시 대상이 같은 명사구	서로 관계있는 명사구
a snake = the animal	a smartphone ≠ the screen a smartphone > the screen

'Ⓑ 언급된 명사와 관계있는 명사'의 두 가지 예를 더 들어 보겠습니다. 침대 bed에는 여러 가지 관련된 물건들이 많습니다. 우선은 기본적으로 침대 틀 bedframe과 매트리스 mattress가 있습니다. 그리고 매트리스에 씌워진 시트 sheet, 베고 자는 베개 pillows, 잠잘 때 덮는 이불 comforter 또는 담요 blanket가 있겠죠. 따라서 언급된 침대와 관계있는 명사가 같은 문장에 나올 때는 ③에서처럼 모두 정관사와 함께 사용되어야 합니다.

③ I'm not really happy with my new bed. The mattress is too soft, and the bedframe is not sturdy enough.
내 새 침대가 정말 마음에 안 들어. 매트리스는 너무 부드럽고, 침대 틀도 튼튼하지 않아.

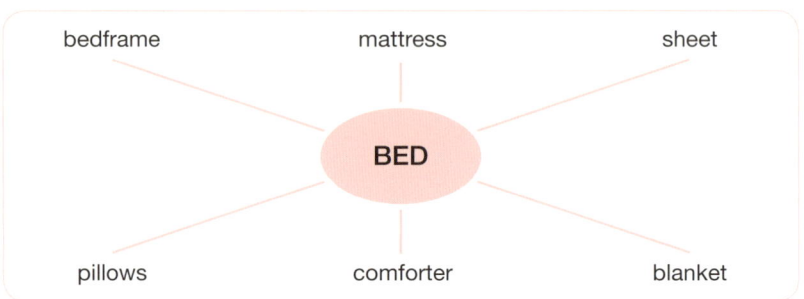

그럼 집house을 생각하면 무엇이 떠오르나요? 침실bedrooms, 부엌kitchen, 거실living room, 화장실bathrooms 등 집과 관계있는 여러 가지 명사들이 있습니다. 이렇게 하나의 집과 관계있는 명사들은 ④에서처럼 모두 정관사와 함께 사용되어야 합니다.

④ We have a new house. The bedrooms are big enough. My wife is happy with the kitchen and the dining room, although she doesn't like the bathrooms. My children love the backyard, and I like the garage.
우리에게는 새로운 집이 있어. 침실들은 충분히 커. 아내는 주방과 식당에 만족하지만, 욕실들은 마음에 들어 하지 않아. 아이들은 뒷마당을 좋아하고, 나는 차고가 마음에 들어.

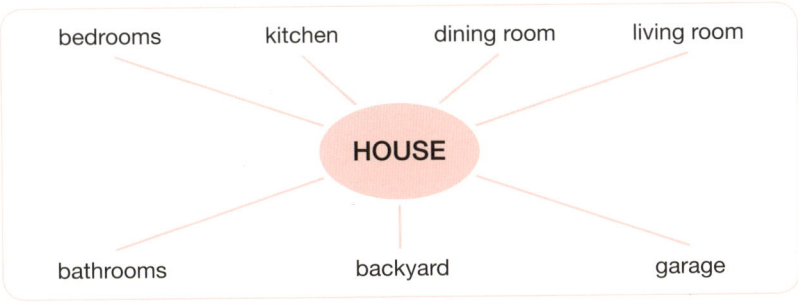

이 것 만 은 확 실 히 !

1 'ⓑ 언급된 명사와 관계있는 명사' 앞에는 정관사를 써야 한다.
   e.g. I bought a new smartphone last month, but the screen shattered already.

2 언급된 명사와 관계있는 명사는 지시 대상이 같지 않다.
   e.g. a smartphone ≠ the screen
   a smartphone > the screen

Lesson 18
상황에서 알 수 있으면 the를 쓴다고?

Q '개조심'이라는 표지판에 사용되는 관사는 무엇일까요?

Beware of _____ dog.

A 개를 키우는 집의 현관에 걸려 있는 '개조심'이라는 표지판은 '이 집의' 개를 조심하라는 뜻입니다. 아무 개가 아닌 이 집의(=특정한) 개를 뜻하니 정관사를 사용해야 합니다.

Lesson 16과 Lesson 17에서 배운 처음 언급되는 명사에 정관사를 사용한 예는 다음과 같습니다. ①에서는 the lovely dog이 a poodle을 다른 명사로 반복하는 것이고, ②에서는 the screen이 a new smartphone과 관계가 있는 명사라서 정관사가 사용되었습니다.

① My next-door neighbor has a poodle, and my children adore the lovely dog. Ⓐ 반복된 명사

② I bought a new smartphone last month, but the screen is shattered already. Ⓑ 언급된 명사와 관계있는 명사

①과 ②에는 the lovely dog과 the screen 앞에 부정관사와 함께 사용된 명사가 있다는 공통점이 있습니다. 그런데 ③에는 앞에 지칭할 명사가 없는데도 door 앞에 정관사가 사용되었습니다.

③ Can you leave the door open, please? ⓒ 상황으로 알 수 있는 명사
　　문을 좀 열어 두실 수 있나요?

위 문장에서 정관사가 사용된 이유는 door가 'ⓒ 상황으로 알 수 있는 명사'이기 때문입니다. 제 연구실에는 문이 하나밖에 없으니 ③은 제 연구실에 면담하러 들어오는 학생에게 할 수 있는 말이죠. 만약 제 연구실에 들어오는 학생에게 ④-1처럼 말하면 그 학생은 어떤 생각을 할까요?

④-1　Can you give me the hammer?
　　　망치 좀 주실 수 있나요?

'이 방에 망치가 있나 보군.'이라고 생각하고 찾아볼 것입니다. 그럼, ④-2처럼 a hammer라고 하면 어떤 반응을 보일까요?

④-2　Can you give me a hammer?

'갑자기 웬 망치?'라고 생각한 뒤 "저 망치 없는데요(I don't have one)."라고 대답하겠죠. 따라서 ④-1에서 the hammer의 the는 '보이지는 않지만, 주위에서 찾을 수 있는'이라는 뜻을 가집니다. 이것도 'ⓒ 상황에서 알 수 있는 명사'의 한 종류입니다.

Lesson 5에서 정관사는 청자가 '알고' 있는 특정한 명사 앞에 사용된다고 하였는데, 이 용법에서는 청자가 '알 수' 있는 명사 앞에 정관사를 사용하는 것이죠. 청자가 알 수 있는 명사의 상황은 다음 세 종류로 나뉠 수 있습니다.[4]

| ㉠ 볼 수 있는 상황 | ㉡ 볼 수 없는 가까운 상황 | ㉢ 넓은 상황 |

위 예문 중 ③과 ④-1이 '㉠ 볼 수 있는 상황'에 속합니다. 그리고 ⑤에서처럼 특정한 명사를 볼 수 없는 상황에서도 정관사를 사용할 수 있습니다.

⑤ Don't open that door. You'll let out the cat.
저 문을 열지 마. 고양이가 나올 거야.

위 문장은 동물을 좋아하지 않는 친구가 집에 왔을 때 고양이를 잠시 방안에 가둬 놓고 친구에게 할 수 있는 말입니다. "Beware of the dog."도 'ⓛ 볼 수 없는 가까운 상황'의 예문입니다. 마지막으로, 'ⓒ 넓은 상황'의 좋은 예는 ⑥처럼 자기가 사는 나라의 대통령을 the president로 지칭하는 것입니다.

⑥ The president is doing a great job.
(우리나라) 대통령이 잘하고 있어.

우리가 사는 지구의 달과 태양을 the moon과 the sun으로 지칭하는 것도 넓은 상황의 예로 볼 수 있습니다. 상황으로 알 수 있는 명사의 재미있는 점은 ⑦에서처럼 한 상황에서 명확한 문장이 다른 상황에서는 불명확한 문장이 될 수 있다는 것입니다.

⑦ I have an appointment with the principal.
교장 선생님과 약속이 있어요.

위 문장을 큰아이가 다니는 학교에 가서 말하면 the principal이 누구를 지칭하는지 명확합니다. 그런데 같은 문장을 집에서 아내에게 말하면 큰아이 학교의 교장 선생님인지 둘째가 다니는 학교의 교장 선생님인지 알 수 없게 됩니다.

⑧은 William Golding의 소설 〈Lord of the Flies 파리 대왕〉의 첫 문장입니다. 그런데 boy와 lagoon은 왜 정관사와 함께 사용되었을까요?

⑧ The boy with fair hair lowered himself down the last few feet of rock and began to pick his way towards the lagoon.[5]
금발 머리 소년은 바위의 마지막 몇 피트를 내려서 석호를 향해 조심스럽게 걷기 시작했다.

소설의 첫 문장이므로 A boy와 a lagoon도 문법적으로 가능합니다. 하지만 정관사는 독자가 이 소년과 석호潟湖에 대해 곧 더 알게 되리라는 것을 나타냅니다.⁶ ⑨는 William Faulkner의 소설 〈Sanctuary성역〉의 첫 문장인데, spring과 man 앞에 정관사가 사용된 것도 같은 이유입니다.

⑨ From beyond the screen of bushes which surrounded the spring, Popeye watched the man drinking.⁷
샘을 둘러싼 수풀 장막 너머로 포파이는 물을 마시는 남자를 보았다.

the spring과 the man처럼 소설의 첫 문장에 정관사가 사용되면 독자를 이야기 속으로 끌어들이는 효과가 나타납니다.⁸ 독자가 그 상황에 있는 것 같은 느낌을 주기 때문이죠. 이런 효과가 가능한 이유는 정관사가 'ⓒ 상황으로 알 수 있는 명사' 앞에 사용될 수 있기 때문입니다.

이 것 만 은 확 실 히 !

1 'ⓒ 상황으로 알 수 있는 명사' 앞에 정관사를 사용한다.
   e.g. Can you leave the door open?
2 보이지는 않지만 주위에서 찾을 수 있는 명사 앞에 정관사를 사용한다.
   e.g. Can you give me the hammer?
3 볼 수 없는 가까운 상황에 있는 특정한 명사 앞에 정관사를 사용한다.
   e.g. Beware of the dog.
4 넓은 상황에서 특정한 명사 앞에 정관사를 사용한다.
   e.g. The president is doing a great job.
5 소설의 첫 문장에는 처음으로 언급되는 명사 앞에 정관사가 사용될 수 있다.
   e.g. The boy with fair hair lowered himself down the last few feet of rock and began to pick his way towards the lagoon.

Lesson 19   뒤에서 꾸밈을 받는 명사 앞에는 항상 the를 쓰나?

Q 다음 빈칸에 들어갈 관사는 무엇일까요?

Jaden is _____ man who can make anyone laugh.
제이든은 누구나 웃게 만들 수 있는 남자다.

A 위 빈칸에는 정관사와 부정관사가 모두 가능합니다. 의미가 좀 다를 뿐이죠. 관계대명사절의 꾸밈을 받는 명사 앞에는 항상 정관사가 사용된다고 잘못 알고 있는 학생들이 많은데, 사실 위 문장에서는 부정관사가 더 자연스럽습니다. 정관사는 강조를 위해 사용할 수도 있고, 특정한 집단에 속하는 한 명을 식별하기 위해 사용할 수도 있습니다.

①-1은 The lamp가 보이는 상황에서는 명확한 문장입니다.

①-1 **The lamp** is over 20 years old.
　　　등은 20년이 넘었다.

반면에 ①-2는 어떤 상황에서도 명확한 문장입니다. on my desk가 어떤 등인지 명확하게 해 주기 때문이죠.

①-2 **The lamp on my desk** is over 20 years old.
　　　내 책상 위에 있는 등은 20년이 넘었어.

마찬가지로 ②에서도 that Jaden brought가 어떤 케이크인지 명확하게 해 줍니다. 이렇게 'ⓓ 뒤에서 꾸밈을 받은 명사' 앞에는 주로 정관사를 사용합니다.

② **This is the cake that Jaden brought.**
이게 제이든이 가져온 케이크야.

뒤에서 꾸밈을 받은 post-modification 명사 앞에 정관사를 사용하는 것을 전문 용어로는 cataphoric use 후속 어구를 가리키는 용법라고 합니다. 반면에 'ⓐ 반복된 명사' 앞에 정관사를 사용하는 것은 anaphoric use 앞서 나온 어구를 가리키는 용법라고 하죠.

그런데 뒤에서 꾸밈을 받은 명사가 모두 정관사와 함께 사용되는 것은 아닙니다. ③에서 house 앞에 부정관사가 사용된 이유는 두 가지가 있을 수 있습니다. 우선 길모퉁이에 집이 두 채 이상 있어서 A house라고 했을 수 있겠죠.

③ **A house on the corner is for sale.**[9]
길모퉁이에 있는 집을 (주인이) 팔려고 내놓았다.

하지만 길모퉁이에 집이 한 채만 있어도 청자가 그 집을 모르기 때문에 A house라고 했을 가능성도 있습니다. 반대로 길모퉁이에 집이 여러 채 있어도 청자가 어떤 집을 말하는지 알면 The house라고 할 수 있습니다. 부부가 산책하면서 어떤 길모퉁이에 있는 집을 사고 싶다는 얘기를 나눴으면 그 부부 사이에는 ③에 정관사를 사용할 수 있습니다.

④-1은 영국의 언어철학자 Bertrand Russell의 논문에 나오는 유명한 문장입니다. of France가 어떤 왕을 지칭하는지 명확하게 해 주므로 King 앞에 정관사가 사용되었습니다. (보통은 A is B가 사실이 아니면 A is not B는 사실이 됩니다. 그런데 현재 프랑스에는 왕이 없으므로 'The King of France is bald.'와 'The King of France is not bald.'는 모두 사실이 아닙니다.)

④-1　The King of France is bald.¹⁰
　　프랑스의 왕은 대머리이다.

④-2에서는 King이 of France의 꾸밈을 받지만, 정관사와 함께 사용될 수 없습니다. 왕의 존재 여부에 관한 문장이기 때문이죠.

④-2　Is there a King of France?
　　프랑스에는 왕이 있나요?

명사가 관계대명사절의 꾸밈을 받을 때도 부정관사와 사용될 수 있습니다. 관계대명사절이 명사를 '식별identification'할 때는 정관사가 사용되지만, '분류classification'할 때는 부정관사가 사용됩니다.¹¹ 모든 정의definition는 단어를 분류하는 역할을 하므로 ⑤에서는 부정관사가 사용되었습니다.

⑤　A smartphone is a device that combines a mobile phone with a handheld computer.
　　스마트폰은 휴대전화를 손에 들고 다니는 컴퓨터와 결합한 장치이다.

마찬가지로 ⑥-1에서도 관계대명사절이 파파고가 어떤 앱인지 '분류'하는 역할을 하므로 부정관사가 사용되었습니다.

⑥-1　Papago is an app that can translate Korean into many different languages.
　　파파고는 한국어를 여러 다른 언어로 번역할 수 있는 앱이다.

하지만 제 스마트폰에 있는 여러 앱 중에 한국어를 여러 언어로 번역하는 앱으로 파파고를 '식별'하려면 ⑥-2에서처럼 정관사를 사용해야 합니다.

⑥-2　Papago is the app that can translate Korean into many different languages.
　　파파고는 한국어를 여러 언어로 번역할 수 있는 바로 그 앱이다.

그럼 ⑦-1에서는 정관사가 사용되고 ⑦-2에서는 무관사가 사용된 이유는 무엇일까요?

⑦-1 Two participants said a more radical faction favored the use of weapons. (COCA:1990:NEWS)
두 참가자는 좀 더 급진적인 세력이 무기 사용을 선호한다고 말했습니다.

⑦-2 The Transportation Department is allowed to authorize use of weapons in cockpits. (COCA:2001:NEWS)
교통부는 조종실 안의 무기 사용을 승인할 수 있습니다.

The King of France에서 of는 소유를 나타내지만, use of weapons에서 of는 소유를 나타내지 않습니다. weapons는 의미상 use의 목적어이기 때문입니다. 하지만 명사인 use는 목적어를 취할 수 없으니 weapons를 목적어로 취하기 위해 전치사 of를 사용한 것입니다.¹²

이렇게 of가 목적어를 취하기 위해 사용되었을 때는 정관사를 선택적으로 사용할 수 있습니다.¹³ take care of돌보다, lose sight of간과하다, in charge of담당하는, in control of통제하는 등과 같은 표현에 정관사를 사용하지 않는 이유도 of가 소유격을 나타내지 않기 때문입니다.

반면에, 명사가 소유격 of로 꾸밈을 받으면 주로 정관사와 함께 사용됩니다. 미국 UC버클리 대학의 공식 명칭이 문장에 사용될 때 the가 사용되는 이유도 소유격 of가 포함되기 때문입니다.

⑧ I graduated from Ø UC Berkeley.
= I graduated from the University of California, Berkeley.
나는 UC버클리 대학을 졸업했어.

⑨에서도 같은 현상을 확인할 수 있습니다.

⑨ I like studying Ø Korean history.
   = I like studying the history of Korea.
   나는 한국사 공부하는 것을 좋아해.

⑩-1에서도 밑줄 친 명사구에는 of가 없으므로 무관사가 사용되었습니다.

⑩-1 She's one of the world's experts on Ø eighteenth-century furniture.
   그녀는 18세기 가구의 세계적인 전문가 중 한 명이다.

그런데, ⑩-2의 밑줄 친 명사구에는 재밌는 것이 두 가지가 있습니다.

⑩-2 She's one of the world's experts on (the) furniture of the eighteenth century.[14]

첫째는, of the eighteenth century에 정관사가 포함되었다는 것입니다. 원래 세기를 나타내는 명사구는 the eighteenth century처럼 정관사와 함께 사용되는데 eighteenth-century furniture에서처럼 다른 명사구를 꾸며 줄 때는 정관사를 생략해야 합니다.

둘째는, ⑨의 the history of Korea와 달리 furniture of the eighteenth century 앞에는 정관사를 '선택적으로' 사용할 수 있다는 것입니다. 두 명사구의 차이점은 history는 추상명사이고 furniture는 물질명사라는 것입니다.

그럼, 왜 추상명사 앞에는 the를 꼭 써야 하고 물질명사 앞에는 the를 선택적으로 사용할 수 있을까요? 그 이유는 정관사가 형태가 없는 것에 형태를 부여하는 기능이 있기 때문입니다.[15] 따라서 물질명사는 (불분명하지만) 형태가 있으므로 the가 꼭 필요하지 않은 반면, 추상명사는 형태가 없으므로 정관사가 꼭 필요한 것입니다.

물질명사와 마찬가지로 복수가산명사도 of로 꾸밈을 받을 때 정관사를 선택적으로 사용할 수 있습니다. 예를 들어, tropical birds를 (the) birds of the tropics로 바꿀 수 있습니다.[16] 복수가산명사도 형태가 있기 때문이죠.

복잡해 보이지만 복잡하게 생각할 필요 없습니다. of로 꾸밈을 받는 모든 명사 앞에 the를 사용하면 틀리지 않으니까요. 물론 take care of, in charge of 등과 같은 표현은 제외해야겠죠.

이 것 만 은 확 실 히 !

1 'ⓓ 뒤에서 꾸밈을 받은 명사' 앞에는 주로 정관사를 사용한다.
  e.g. The lamp on my desk is over 20 years old.
  This is the cake that Jaden brought.

2 관계대명사절이 명사를 분류(classification)할 때는 부정관사를 사용한다.
  e.g. A smartphone is a device that combines a mobile phone with a handheld computer.

3 of가 목적어를 취하기 위해 사용되었을 때는 정관사를 선택적으로 사용할 수 있다.
  e.g. The Transportation Department is allowed to authorize (the) use of weapons in cockpits.

4 of로 꾸밈을 받는 추상명사 앞에는 the를 사용하고, 물질명사와 복수가산명사 앞에는 the를 선택적으로 사용한다.
  e.g. the history of Korea — 추상명사
  (the) furniture of the eighteenth century — 물질명사
  (the) birds of the tropics — 복수가산명사

Lesson 20) 최상급에는 항상 the를 써야 할까?

> **Q** 다음은 COCA에서 추출한 문장인데, 빈칸에 사용된 관사는 무엇일까요?
>
> That was ___ most important piece of information. (COCA:1995:FIC)
> 그게 가장 중요한 정보였어.
>
> **A** most important와 같은 형용사의 최상급에는 정관사를 사용하는 것이 원칙입니다. 그런데 위 문장의 빈칸에 사용된 관사는 a입니다. most가 부정관사와 사용될 때는 very의 뜻을 가진 부사가 된다고 볼 수 있습니다. 이런 용법을 특별한 비교 대상이 없을 때 사용하는 '절대최상급(absolute superlative)'이라고 부르는 문법책도 있습니다.[17]

정관사의 용법 중에서 가장 쉽게 느껴지는 것은 아마 다음과 같이 최상급 앞에 the를 사용하는 것일 겁니다.

　①-1　What's the fastest car?　가장 빠른 차가 뭐야?

　①-2　Isaiah is the best grammar teacher.　이사야가 가장 좋은 문법 선생님이지.

　①-3　This isn't the most interesting book.　이게 가장 흥미로운 책은 아니야.

정관사가 나타내는 기본적인 개념 중 하나는 '유일함uniqueness'입니다. 그래서 the sun태양과 the moon달처럼 유일한 것 앞에는 정관사를 쓰고, 'ⓔ 최상급 등으로 인한 유일한 명사' 앞에도 정관사를 사용하는 것입니다. 최상인 것은 유일하기 때문입니다.

②-1 She's the only doctor in my family. 그녀가 우리 가족에서 유일한 의사야.

②-2 I have to get on the first train tomorrow. 나 내일 첫 기차를 타야 해.

②-3 Do you want the last slice (of the pizza)? 마지막 (피자) 조각 먹을래?

원래는 유일하지 않은 명사도 ②에서처럼 only, first, last와 같은 단어의 꾸밈을 받으면 유일해집니다. 그런데 only, first, last는 부정관사와 함께 사용될 수도 있습니다.

③ I'm not an only child, but my best friend is an only son.
나는 외동이 아닌데, 내 가장 친한 친구는 외아들이야.

only는 ③에서처럼 '외동'의 의미로 사용될 때 부정관사와 함께 사용됩니다. 반면에, first와 last는 의미가 크게 변하지 않는데도 부정관사와 함께 사용될 수 있습니다.

④-1 The 2018 tournament represents the first chance for a Chicago-based team to make a run in a long time. (COCA:2018:NEWS)
2018년 대회는 시카고 연고 팀이 오랜만에 우승을 치지할 수 있는 첫 번째 기회를 의미합니다.

④-2 It was also a first chance for the world outside a narrow circle in Syria to see a sample of her work. (COCA:2014:NEWS)
그것은 또한 시리아의 좁은 범위를 벗어난 외부 세계가 그녀의 작품을 볼 수 있는 첫 번째 기회이기도 했다.

⑤-1 It was the last chance to do something really radical.
(COCA:1993:NEWS)
그것은 정말로 급진적인 무언가를 할 수 있는 마지막 기회였다.

⑤-2 It is also a last chance to begin turning things around.
(COCA:1992:MAG)
그것은 또한 상황을 반전시킬 수 있는 마지막 기회이기도 하다.

위 예문에서 first chance와 last chance가 각각 ④-1과 ⑤-1에는 정관사와, ④-2와 ⑤-2에서는 부정관사와 사용되었습니다. 물론 first와 last가 정관사와 함께 사용되는 빈도수가 부정관사와 함께 사용되는 빈도수보다는 훨씬 높습니다. COCA에서 위 네 표현이 검색되는 횟수는 다음과 같습니다.

	정관사	부정관사
first chance	327	17
last chance	450	130

first와 last가 부정관사와도 함께 사용될 수 있으니 second, third, fourth와 같은 나머지 서수ordinal number가 부정관사와 함께 사용될 수 있는 것은 당연하겠죠. 같은 맥락에서 보면 most와 best가 ⑥-1과 ⑦-1에서는 정관사, ⑥-2와 ⑦-2는 부정관사와 함께 사용되는 것도 이상하지 않습니다.

⑥-1 This may be the most important question of all. (COCA:1996:MAG)
이것이 가장 중요한 질문일 수도 있다.

⑥-2 I consider it a most important question of principle.
(COCA:1994:MAG)
나는 그것을 가장 중요한 원칙적 문제로 여긴다.

⑦-1 The best practice is not to bring your valuables to the gym.
(COCA:2019:NEWS)
가장 좋은 방법은 귀중품을 체육관에 가지고 오지 않는 것이다.

⑦-2 It's just a best practice that we're committed to. (COCA:2018:NEWS)
이는 우리가 고수하는 가장 좋은 방법일 뿐이다.

COCA에서 위 네 표현이 검색되는 횟수는 다음과 같습니다. 재밌는 것은 most는 사전에 '매우very, extremely'라는 뜻의 부사로 등재가 되어 있는데도 a most important question은 2회밖에 검색되지 않는다는 것입니다. 반면에, best는 사전에 최상급의 뜻만 등재되어 있는데도 a best practice는 87회나 검색됩니다.

	정관사	부정관사
most important question	324	2
best practice	105	87

부정관사와 함께 사용되는 first, last, most, best는 최상급을 나타내지 않는다고 볼 수 있습니다. 최상급이라면 유일할 것이고, 유일하다면 정관사와 함께 사용되어야겠죠. most가 부정관사와 사용될 때는 '매우'의 뜻을 가진 부사가 되는 것처럼, best가 부정관사와 사용될 때는 '매우 좋은'의 뜻이 된다고 볼 수 있습니다.

first와 last도 부정관사와 함께 사용될 때는 명확하고 유일한 순서 보다는 여러 가지 가능성 중 하나를 나타낸다고 볼 수 있습니다. 예를 들어, the last chance는 유일한 마지막 기회라는 의미이지만, a last chance는 여러 가지 마지막 기회 중 하나라는 의미를 내포하죠.

only, first, last와 같이 명사를 유일하게 만들어 주는 다른 단어로는 same, next, right, wrong이 있습니다. 따라서 이 단어들도 ⑧에서처럼 모두 정관사와 함께 사용됩니다.

⑧-1 They're the same watches. → They're the same.
그것들은 같은 시계다. *They're same.

⑧-2 He's the next person (in line). → He's next.
그가 (줄에 서 있는) 다음 사람이다.

⑧-3 That's the right answer. → That's right.
그게 정답이다.

⑧-4 This's the wrong house.　　　→ This's wrong.
　　　이건 틀린 집이다.

꼭 기억해야 할 것은 next, right, wrong과 달리 same은 정관사 없이 단독으로 사용될 수 없다는 것입니다. 이유는 Lesson 1에서 설명한 same은 형용사가 아니고 후치한정사이기 때문이죠.

그런데 맞는 것은 하나만 있지만 틀린 것은 여러 가지가 있을 수 있으니 wrong에 정관사를 쓰는 것은 좀 이상하지 않나요? '잘못된 전화번호'를 the wrong number라고 하는데, COCA에서 the wrong number는 329회가 검색되고, a wrong number은 162회가 검색됩니다. wrong과 함께 정관사를 쓰는 것이 이상하다고 느끼는 원어민들도 많다는 증거죠.

⑨-1 No, sorry you've got the wrong number. (COCA:2019:FIC)
　　　아니요, 죄송하지만 전화 잘못 거셨어요.

⑨-2 Sorry, you have a wrong number. (COCA:2008:FIC)
　　　죄송하지만 전화 잘못 거셨어요.

이 것 만 은 확 실 히 !

1 'ⓔ 최상급 등으로 인한 유일한 명사' 앞에는 정관사를 사용한다.
　　e.g. What's the fastest car?
　　　　She's the only doctor in my family.
　　　　That's the right answer.

2 first, last, most, best 등은 부정관사와도 함께 사용될 수 있다.
　　e.g. It is also a last chance to begin turning things around.
　　　　I consider it a most important question of principle.

3 wrong은 부정관사도 가능하지만, 정관사와 함께 더 자주 사용된다.
　　e.g. You've got the wrong number.

Lesson 21
버스는 많은데 왜 the bus 라고 하지?

Q 다음 두 문장은 Collins COBUILD English Usage라는 원서에 나온 예문인데, 빈칸에 공통으로 들어갈 관사는 무엇일까요?

ⓐ I don't like using _____ phone.
나는 전화를 사용하는 것을 좋아하지 않아.

ⓑ How long does it take on _____ train?[18]
기차로 얼마나 걸리나요?

A phone과 train이 Ⓐ 반복되지 않았고, Ⓑ 언급된 명사와 관계있지 않으며, Ⓒ 상황으로도 알 수 있지 않고, Ⓓ 뒤에서 꾸밈을 받는 것도 아니고, Ⓔ 최상급 등으로 인해 유일한 명사가 아니므로 빈칸에 공통으로 사용된 관사는 a라고 생각할 수 있습니다. 하지만 정답은 the입니다. 교통·통신 수단 앞에는 the를 사용하기 때문입니다.

일상대화에 자주 사용되는 정관사 용법 중에서 가장 이해하기 어려운 것이 ①-1에서처럼 특정하지 않은 명사 앞에 the를 사용하는 것입니다.

①-1 I usually take the bus to school.
나는 보통 버스를 타고 학교에 가.

버스는 노선도 다양하고 차도 많은데 왜 the bus라고 할까요? 위 문장에서

the bus는 특정한 버스 한 대를 가리키지 않고 체계적인 교통수단으로서의 버스 서비스를 지칭합니다.

①-2 It takes an hour on the bus to get there.
거기 가는 데 버스로 한 시간이 걸려.

①-2에서도 the bus는 체계적인 버스 서비스를 지칭합니다. 만약에 관광버스를 대절해서 간다면 a bus라고 해야 하죠.[19]

마찬가지로 train, subway, ferry연락선처럼 체계적인 교통수단으로 사용되는 명사 앞에는 모두 정관사를 사용합니다. 이런 명사들을 'Ⓕ 문화적인 요인으로 특정해진 명사'라고 합니다. 교통의 수단으로 이용되는 문화적인 요인으로 명사가 특정해졌다는 뜻이죠.

반면에, 체계적인 교통수단으로 사용되지 않는 car, taxi, bicycle, ship은 정관사와 함께 사용되지 않습니다.[20] 아래는 문화적인 요인으로 특정해진 명사를 다섯 가지로 나눈 것입니다.

〈문화적인 요인으로 the와 함께 사용되는 명사〉

ⓐ 공공시설	ⓑ 자주 가는 곳	ⓒ 대중 매체	ⓓ 교통·통신 수단	ⓔ 영화와 공연
park	pub	news	bus	opera
bank	mall	radio	mail	ballet
beach	gym	press	train	circus
library	store	paper(s)	ferry	theater
post office	cleaner	newspaper(s)	phone	movies
	hairdresser		subway	
	doctor's office			

②에서도 the post office는 특정한 우체국을 지칭하지 않습니다. 물론, 집에서 가장 가까운 우체국 또는 항상 가는 우체국을 지칭할 수도 있지만, 전혀 모르는 우체국을 찾아갈 때도 정관사를 사용합니다.

② I'm going to the post office.
나는 우체국에 가는 중이야.

특정한 버스나 우체국을 지칭하지 않는데도 정관사를 사용하는 이유는 버스를 타거나 우체국을 가는 행위가 일상생활에서 반복되기 때문입니다. 그래서 이런 정관사의 용법을 '산발적 지시sporadic reference'라고도 합니다.[21] 그럼 바닷가를 가는 것은 어떨까요?

③ I went to _____ beach today.
나는 오늘 바닷가에 갔어.

바닷가를 자주 갈 수 있는 가까운 동네에 사는 사람이면 ③에 정관사를 사용할 것이고, 그렇지 않은 사람이 관광지에서 바닷가를 갔다면 부정관사를 사용하겠죠.[22]

그럼 반복적으로 발생하는 일에는 왜 정관사를 사용할까요? 친숙한 상황이기 때문에 굳이 지시 대상을 정확히 구분할 필요가 없기 때문입니다. 예를 들어 보겠습니다.

④-1 ?I was in a bathroom when the doorbell rang.
초인종이 울렸을 때 나는 화장실에 있었어.

자기 집에 화장실이 두 개 이상이 있으면 ④-1에서처럼 bathroom 앞에 부정관사를 사용할 수 있을 것 같은데, 그럼 이해할 수 없는 문장이 됩니다. 자기 집이 아니거나 알 수 없는 장소의 화장실로 들리기 때문이죠. ④-2도 가능은 하지만 이상하게 들립니다.

④-2　?I was in one of my bathrooms when the doorbell rang.

위 문장은 '왜 굳이 화장실 하나를 꼭 집어서 얘기하지?'라고 청자가 의문을 갖게 하죠. 가장 자연스러운 문장은 ④-3입니다.

④-3　I was in the bathroom when the doorbell rang.

집에 화장실이 여러 개가 있더라도 the bathroom으로 말합니다. 어느 화장실에 있었는지 또는 집에 화장실이 두 개 이상 있는지가 대화에 중요하지 않기 때문이죠.

⑤에서도 the son은 꼭 '외아들'이라는 뜻이 아닙니다. 아들이 여러 명 있을 수 있지만 그건 중요하지 않기 때문에 정관사를 사용한 것이죠.

⑤　Jack Perkins is the son of a rich banker.[23]
　　잭 퍼킨스는 부유한 은행가의 아들이다.

hand, elbow, arm, shoulder, foot, knee, thigh, leg와 같이 두 개가 있는 신체 부위를 지칭할 때도 ⑥에서처럼 정관사를 사용합니다.

⑥　Their dog bit me on the thigh.
　　그들의 개가 내 허벅지를 물었어.

마찬가지로 ⑦과 ⑧에서처럼 사람들이 자주 가는 곳을 지칭하는 명사 앞에 사용된 정관사는 어느 특정한 곳을 지칭해서 사용된 것이 아니고, 특정한 곳을 지칭할 필요가 없어서 사용된 것입니다.

⑦　Let's go to the pub.[24]
　　술집에 가자.

⑧　Most of my friends go to the gym two or three times a week.[25]
　　내 친구들은 대부분 일주일에 두세 번씩 헬스장에 가.

the store, the pub, the gym과 같은 명사구가 특정한 곳을 지칭하지 않으면 ⑨는 두 가지의 해석이 가능합니다. 첫째는 프레드와 앨리스가 같은 가게에 갔다는 해석이고, 둘째는 프레드와 앨리스가 각각 다른 가게에 갔다는 해석이죠.

⑨ Fred went to the store, and Alice did, too.[26]
프레드가 가게에 갔고, 앨리스도 그랬다.

⑩, ⑪, ⑫에서 대중매체, 교통·통신 수단, 영화와 공연을 나타내는 명사 앞에 사용된 정관사도 어느 특정한 것을 지칭하지 않습니다.

⑩ I saw the accident on the news.
나는 사고를 뉴스에서 봤어.

⑪ I received this coupon in the mail.
나는 이 쿠폰을 우편으로 받았어.

⑫ I've been to the opera only once.
나는 오페라에 한 번밖에 가 본 적이 없어.

⑫에서처럼 opera오페라, ballet발레, theater연극 등을 보러 간다고 할 때는 정관사를 사용하는데, 작품 하나를 지칭할 때는 ⑬에서처럼 부정관사를 사용하고, ⑭에서처럼 예술의 한 종류art form로 지칭할 때는 무관사와 함께 사용합니다.

⑬ I wanted to write an opera. (COCA:2018:NEWS)
나는 오페라를 쓰고 싶었어.

⑭ Ø Opera is a tremendously expensive art form. (COCA:2010:NEWS)
오페라는 엄청나게 비싼 예술 형식이다.

theater연극도 예술의 한 종류로 지칭할 때는 ⑮에서처럼 무관사와 함께 사용합니다.

⑮ After receiving her degree, she headed for New York to work in Ø theater. (COCA:2000:NEWS)
학위를 받은 후, 그녀는 연극계에서 일하기 위해 뉴욕으로 향했다.

musical뮤지컬 또는 musical theater도 같은 용법으로 사용될 수 있습니다.

⑯ Although he lost each partner to death, he continued to work in Ø musical theatre. (COCA:2002:ACAD)
그는 각 파트너를 죽음으로 잃었지만, 뮤지컬계에서 계속 일했다.

opera, ballet, theater와 달리 play 또는 musical을 보러 간다고 할 때는 정관사를 사용하지 않고 부정관사를 사용합니다.

⑰ When was the last time moviegoers flocked to a musical? (COCA:2000:NEWS)
영화 관객들이 뮤지컬에 몰려든 마지막 때는 언제였을까?

⑱ One Friday we went to a play (she wanted to leave at intermission). (COCA:2000:FIC)
어느 금요일에 우리는 연극을 보러 갔다. (그녀는 중간 휴식 시간에 나가고 싶어 했다.)

그런데 사실 요즘은 opera를 보러 간다고 할 때도 부정관사를 사용하는 경우가 많습니다.²⁷ 바닷가를 자주 가는 사람은 the beach라고 하고 자주 가지 않는 사람은 a beach라고 하는 것처럼, opera에 자주 가는 사람이 많지 않으므로 부정관사를 사용하는 사람들이 많은 것이죠.

⑲ I'm at the museum now.
나는 지금 박물관에 있어.

마찬가지로 museum박물관에 자주 가는 사람은 ⑲에서처럼 정관사를 사용할 것이고, 자주 가지 않는 사람은 부정관사를 사용할 확률이 높습니다.[28] 여러분은 위 문장에 어떤 관사를 사용하시나요?

이 것 만 은 확 실 히 !

1 'ⓕ 문화적인 요인으로 특정해진 명사' 앞에는 정관사를 사용한다.

> e.g. I'm going to the post office. (공공시설)
> Let's go to the pub. (자주 가는 곳)
> I saw the accident on the news. (대중매체)
> I usually take the bus to school. (교통수단)
> I received this coupon in the mail. (통신수단)
> I've been to the opera only once. (영화와 공연)

2 지시 대상을 정확히 구분할 필요가 없을 때 정관사를 사용한다.

> e.g. I was in the bathroom when the doorbell rang.
> Their dog bit me on the thigh.

3 예술의 한 종류를 지칭할 때는 무관사를 사용한다.

> e.g. Ø Opera is a tremendously expensive art form.
> She headed for New York to work in Ø theater.

4 친숙한 정도에 따라 어떤 관사를 사용할지 결정된다.

> e.g. I went to a/the beach today.
> I'm at a/the museum now.

the reader가 모든 독자를 가리킨다고?

Q 다음 두 문장의 빈칸에 공통으로 들어갈 수 있는 관사는 무엇일까요?

ⓐ _____ gorilla lives in Africa.
고릴라는 아프리카에 산다.

ⓑ _____ gorilla lives on vegetarian diets.
고릴라는 식물성 음식을 먹고 산다.

A ⓐ와 ⓑ에 공통으로 사용될 수 있는 관사는 The입니다. 여기서 정관사는 종족 대표를 나타내는 총칭적 용법으로 사용된 것입니다. ⓑ에서는 부정관사도 가능한데, ⓐ에서는 부정관사를 사용할 수 없습니다. 자세한 설명은 본문에서 하겠습니다.

정관사의 용법은 크게 비총칭적nongeneric 용법과 총칭적generic 용법으로 나눌 수 있습니다.[29] Part 3에서 지금까지 배운 정관사의 용법이 모두 비총칭적 용법입니다. 아래는 총 7개의 비총칭적 용법과 예를 표로 정리한 것입니다.

〈정관사의 비총칭적 용법과 예〉

비총칭적용법	예
ⓐ 반복된 명사	I had a basketball and a soccer ball, but I lost the basketball. 난 농구공과 축구공이 있었는데, 농구공은 잃어버렸어.
ⓑ 언급된 명사와 관계있는 명사	We've bought a new bed, but the mattress is too soft for me. 새 침대를 샀는데, 매트리스가 나한테는 너무 푹신해.
ⓒ 상황으로 알 수 있는 명사	Can you leave the door open, please? 문을 좀 열어 두실 수 있나요?
ⓓ 뒤에서 꾸밈을 받은 명사	This is the cake that Jaden brought. 이게 제이든이 가져온 케이크야.
ⓔ 최상급 등으로 인한 유일한 명사	The best practice is not to bring your valuables to the gym. 가장 좋은 방법은 귀중품을 체육관에 가지고 오지 않는 것이다.
ⓕ 문화적 요인으로 특정해진 명사	I've been to the opera only once. 나는 오페라에 한 번밖에 가 본 적이 없어.

정관사의 비총칭적 용법은 특정한 지시specific reference를 나타내는 반면, 총칭적 용법은 일반적인 지시generic reference를 나타냅니다. 그런데 일반적인 지시는 ①에서처럼 모든 관사를 통해 나타낼 수 있습니다.

고릴라는 식물성 음식을 먹고 산다.

①-1 Ø Gorillas live on vegetarian diets.
무관사+복수명사

①-2 A gorilla lives on vegetarian diets.
부정관사+단수명사

①-3 The gorilla lives on vegetarian diets.
정관사+단수명사

사용 빈도수
높음
↕
낮음

일반적인 지시를 위해 가장 많이 사용되는 관사는 무관사이고, 다음은 부정관사, 그다음은 정관사입니다.[30] 정관사의 총칭적 용법은 일반 대화에서는 거의 사용되지 않습니다.

곰곰이 생각해 보면 정관사가 일반적인 지시를 위해 총칭적 용법으로 쓰인다는 자체가 모순적입니다. '정관사definite article'라는 이름이 특정한definite 명사 앞에 사용되는 관사라는 뜻이기 때문이죠.

따라서, 정관사의 총칭적 용법이 일상대화에서는 잘 사용되지 않는 것은 당연하다고 볼 수 있습니다. 정관사의 총칭적 용법은 격식 있는formal 글쓰기에서 주로 사용됩니다. 특히 ②에서처럼 발명품을 지칭할 때 자주 사용되죠.

② <u>The electric light bulb</u> was invented by Thomas Edison in 1879.
전구는 1879년에 토머스 에디슨에 의해 발명되었다.

정관사의 총칭적 용법은 가산명사에만 사용됩니다. ③에서처럼 불가산명사 앞에는 정관사를 사용할 수 없고 무관사를 사용해야 합니다.

③ <u>Electricity</u> is one of the greatest discoveries in history.
*The electricity
전기는 역사상 가장 위대한 발견 중 하나이다.

④는 가장 유명한 언어학자 촘스키Chomsky 교수의 저서에서 발췌한 문장인데 Martian scientist 앞에 The가 총칭적 용법으로 사용되었습니다.

④ <u>The Martian scientist</u> might reasonably conclude that there is a single human language, with differences only at the margins.[31]
화성의 과학자는 인간 언어는 하나뿐이고, 차이점은 단지 주변부에만 존재한다고 합리적으로 결론지을지도 모른다.

위 문장은 해당 저서의 7쪽에 나온 문장이고, Martian scientist가 처음으로 언급된 것입니다. 그런데 같은 내용의 문장이 118쪽에도 나오는데 이 문장에서는 부정관사가 사용되었습니다.

⑤ A rational Martian scientist would probably find the variation rather superficial, concluding that there is one human language with minor variants.³²
이성적인 화성 과학자는 그 차이를 다소 피상적인 것으로 보고, 인간 언어는 사소한 변형만 있는 하나의 언어라고 결론지을 가능성이 크다.

부정관사를 총칭적 용법으로 사용하는 것은 조심해야 합니다. ⑥과 ⑦에서처럼 '위치나 존재location or existence'를 나타내는 문장에서는 부정관사를 총칭적 용법으로 사용할 수 없기 때문이죠.³³

고릴라는 아프리카에 산다.
⑥-1 *A gorilla lives in Africa.
⑥-2 The gorilla lives in Africa.
⑥-3 Ø Gorillas live in Africa.

검치 호랑이는 멸종되었다.
⑦-1 *A sabertooth is extinct.
⑦-2 The sabertooth is extinct.
⑦-3 Ø Sabertooths are extinct.

그리고 ⑧에서처럼 많고 적음에 관한 서술도 부정관사의 총칭적 용법으로 사용될 수 없습니다.³⁴

펭귄은 남극에 많이 산다.
⑧-1 *A penguin is numerous in Antarctica.
⑧-2 The penguin is numerous in Antarctica.
⑧-3 Ø Penguins are numerous in Antarctica.

⑥-1, ⑦-1, ⑧-1 예문을 곰곰이 생각해 보면 왜 이들 문장에서 부정관사가 총칭적 용법으로 사용될 수 없는지 알 수 있습니다. 한 마리가 어디에 살고 있다던가, 멸종되었다거나, 수가 많거나 적다 등의 문장이 총칭적으로 사용될 수는 없겠죠.

⑨ **The electric scooter** has become very popular.
  *An electric scooter
  전동 스쿠터는 매우 인기를 끌게 되었다.

⑨에서도 부정관사는 총칭적 용법으로 사용될 수 없지만, The electric scooter는 가능합니다. 인기가 많은 것은 '하나의' 전동 스쿠터가 아니고 전동 스쿠터의 '나눌 수 없는 전체적인 현상the total indivisible phenomenon'이기 때문입니다.[35]

⑩ **The computer** is changing the business world.[36]
  *A computer
  컴퓨터는 사업의 세계를 변화시키고 있다.

마찬가지로 ⑩에서도 부정관사는 총칭적 용법으로 사용될 수 없지만, The computer는 가능합니다. 컴퓨터 하나가 사업의 세계를 바꾸는 것이 아니고 컴퓨터의 전체적 현상이 사업의 세계를 바꾸는 것이기 때문이죠.

제가 대화에서 가장 많이 사용하는 총칭적 용법은 ⑪-1에서처럼 "사전에서 찾아봐."라고 말할 때입니다.

⑪-1 "Look it up in the dictionary," her husband suggested.
  (COCA:2000:FIC)
  "사전에서 찾아봐."라고 남편이 제안했다.

문법적으로는 ⑪-2에서처럼 부정관사를 사용하는 것도 가능합니다. 하지만

COCA에서 in a dictionary는 88회가 검색되는 반면, in the dictionary는 537회가 검색됩니다.

⑪-2 **If the elusive word still doesn't pop into your mind, look it up in a dictionary.** (COCA:2002:MAG)
떠오르지 않는 단어가 여전히 생각나지 않는다면, 사전에서 찾아보세요.

그런데 정관사의 총칭적 용법이 항상 허용되는 것도 아닙니다. ⑫에서는 a car는 가능하지만, the car는 불가능합니다. 나눌 수 없는 전체적인 현상을 소유할 수는 없기 때문이죠.

⑫ **Every family should own a car.**[37]
*the car
모든 가족에게는 차가 있어야 한다.

전문 서적을 읽을 때는 정관사가 총칭적 용법으로 자주 사용된다는 것을 염두에 두고 있어야 합니다. 하지만, 사용하기 가장 무난한 총칭적 용법은 '무관사+복수명사'입니다. 틀리는 경우가 거의 없으니까요.

마지막으로 기억해야 할 것은 '정관사+복수명사'는 총칭적 용법으로 사용되지 않는다는 것입니다. 그런데 여기에도 몇 가지 예외가 있습니다. 첫 번째 예외는 ⑬에서처럼 국적 또는 민족을 나타낼 때입니다.

⑬ **The Indians love to dance.**
인도 사람들은 춤추는 것을 아주 좋아한다.

두 번째 예외는 ⑭에서처럼 '종種. species보다 높은 범주를 나타내는 동물과 식물의 이름names of animals and plants representing groups larger than the species'과 함께 사용된 정관사입니다.

⑭ **The Sierra Club is intent on saving the redwoods.**[38]
시에라 클럽은 미국 삼나무를 보전하는 데 전념하고 있다.

redwoods는 Sequoia세쿼이아, Sequoiadendron세쿼이아덴드론, Metasequoia 메타세쿼이아의 세 가지 '속屬, genus'을 모두 포함하는 이름입니다. 속은 종의 바로 위 범주이죠. 따라서 '정관사+복수명사'인 the redwoods가 총칭적 표현으로 사용된 것입니다.

그럼 ⑮에서는 왜 복수명사 앞에 정관사가 사용되었을까요?

⑮ **The nurses have never gone on strike.**[39]
간호사들은 한 번도 파업을 한 적이 없다.

'정관사+복수명사'는 기본적으로 특정한 집단을 의미합니다. 따라서, The nurses는 예를 들어 A라는 병원에 근무하는 모든 간호사를 지칭할 수 있습니다. 하지만 간호사처럼 직업으로 '잘 알려진 집단'을 지칭할 때는 위 문장에서처럼 '정관사+복수명사'가 총칭적으로 사용될 수도 있습니다.

그런데 '잘 알려진 집단'이라는 것이 상당히 주관적일 수도 있습니다. ⑯에서 the metals는 총칭적으로 사용되었는데, 금속을 전문적으로 다루는 사람에게는 metals가 잘 알려진 집단이기 때문입니다. 비전문가였다면 Ø metals 라고 했겠죠.

⑯ **Next term we're going to study the metals in detail.**[40]
다음 학기에는 금속에 대해 자세히 공부할 것이다.

마지막으로 ⑰에서는 왜 복수명사 앞에 정관사가 사용되었는지 함께 고민해 보겠습니다.

⑰ **The genus *Gorilla* is divided into two species: the eastern gorillas and the western gorillas.**[41]
고릴라 속 동부 고릴라와 서부 고릴라의 두 종으로 나뉜다.

첫 번째 가능성은 gorilla가 속genus을 나타내는 이름이기 때문입니다.

the redwoods처럼 종species보다 높은 범주를 나타내기 때문에 '정관사+복수명사'가 사용된 것이죠. 두 번째 가능성은 위 문장을 쓴 사람에게 eastern gorillas와 western gorillas는 잘 알려진 집단이기 때문입니다. 마지막 가능성은 the left와 the right처럼 두 명사의 대조를 드러내기 위해 사용된 것입니다.[42] 정관사의 용법을 이해하는 것이 왜 어려운지를 다시 한 번 보여 주는 대목입니다.

이 것 만 은 확 실 히 !

1 총칭적인 용법으로 가장 많이 사용되는 관사는 무관사이고, 다음은 부정관사, 그 다음은 정관사이다.

   e.g. Ø Gorillas live on vegetarian diets. 무관사 + 복수명사
   A gorilla lives on vegetarian diets. 부정관사 + 단수명사
   The gorilla lives on vegetarian diets. 정관사 + 단수명사

2 위치나 존재를 나타내는 문장에서는 부정관사를 총칭적 용법으로 사용할 수 없다.

   e.g. *A gorilla lives in Africa.　　　*A sabertooth is extinct.
   → The gorilla　　　　　　　　　→ The sabertooth

3 '나눌 수 없는 전체적인 현상'을 나타낼 때도 부정관사를 총칭적 용법으로 사용할 수 없다.

   e.g. *An electric scooter has become very popular.
   → The electric scooter

4 몇 가지 예외를 제외하고 '정관사+복수명사'는 총칭적 용법으로 사용되지 않는다.

   e.g. The Indians love to dance.
   The Sierra Club is intent on saving the redwoods.
   The nurses have never gone on strike.

Lesson 23: page 4에는 정관사가 없는데 왜 the number 4에는 있지?

Q 다음 세 문장 중 비문은 무엇일까요?

ⓐ I am Ø Socrates who has been conversing with you.
ⓑ I am Ø Socrates, who has been conversing with you.
ⓒ I am the Socrates who has been conversing with you.

A 많은 학생이 ⓒ가 비문이라고 생각하는데 정답은 ⓐ입니다. ⓒ는 플라톤의 대화편 〈파이돈(Phaedo)〉에서 소크라테스가 독약을 마시기 전에 자기를 보러 온 친구들에게 한 말의 한 부분입니다.[43] Socrates는 고유명사입니다. 고유명사는 말 그대로 고유한 이름이므로 더는 한정할 수 없습니다. 그래서 관계대명사절이 고유명사를 꾸며 줄 때는 ⓑ에서처럼 관계대명사절 앞에 쉼표를 찍어 비한정(=계속) 용법으로 사용해야 합니다. 만약 한정 용법으로 사용하려면 ⓒ에서처럼 고유명사 앞에 the를 사용해야 합니다.

동격명사구란 '자격 또는 지위가 동일한 명사구'라는 뜻인데, 다른 명사구의 옆에서 부연 설명을 하는 역할을 합니다. 그래서 영어로는 next to라는 뜻을 가진 appositive라고 부릅니다.

동격명사구는 관계대명사절과 마찬가지로 한정restrictive 용법과 비한정non-restrictive 용법으로 나뉩니다. ①에는 두 개의 동격명사구가 있는데 모두 비한정 동격명사구입니다. 밑줄 친 명사구가 동격명사구, 볼드체가 부연 설명을 받는 명사구입니다.

① William Kamkwamba is a student at Dartmouth College in Hanover, New Hampshire. He was formerly a student in the inaugural class at **African Leadership Academy**, a pan-African high school located in Johannesburg, South Africa. A 2007 TED Global Fellow, **William** has been profiled in the *Wall Street Journal* and his inventions have been displayed at Chicago's Museum of Science and Industry.[44]

윌리엄 캄쾀바는 뉴햄프셔 주 하노버에 있는 다트머스 대학교의 학생이다. 그는 남아프리카 공화국 요하네스버그에 위치한 범아프리카 고등학교인 **아프리카 리더십 아카데미**의 1기 학생이기도 했다. 2007년 TED 글로벌 펠로우인 **윌리엄**은 월스트리트 저널에 소개되었으며, 그의 발명품은 시카고 과학산업박물관에 전시된 바 있다.

비한정 동격명사구는 비한정 관계대명사절을 축약한 것으로 볼 수 있습니다. 첫 번째 동격명사구인 a pan-African high school located in Johannesburg, South Africa 앞에 which is가 생략된 것이라고 볼 수 있기 때문이죠.

두 번째 동격명사구인 A 2007 TED Global Fellow도 다음과 같은 과정을 거쳐 비한정 관계대명사절이 축약된 것이라고 볼 수 있습니다.

ⓐ William, who is a 2007 TED Global Fellow, has been profiled in the *Wall Street Journal*.

↓

ⓑ William, a 2007 TED Global Fellow, has been profiled in the *Wall Street Journal*.

↓

ⓒ A 2007 TED Global Fellow, William has been profiled in the *Wall Street Journal*.

비한정 동격명사구는 부연 설명을 받는 명사의 뒤에 오는 경우가 많은데, 앞에 오기도 합니다. ②에서도 앞에 사용되었습니다.

② <u>The duke of Milan</u>, Sforza was Leonardo's benefactor and sponsor during those productive years in Milan.[45]
밀라노 공작인 <u>스포르차</u>는 레오나르도의 밀라노 시절, 가장 왕성하게 활동하던 그 시기에 그의 후원자이자 스폰서였다.

관계대명사절과 마찬가지로 비한정 동격명사구와 한정 동격명사구는 쉼표의 유무에 의해 구별됩니다.

③-1 Mr Campbell, <u>a lawyer</u>, was here last night.
　　　　　　　　　비한정 동격명사구
<u>변호사</u> 캠벨 씨가 어젯밤에 오셨었다.

③-2 Mr Campbell <u>the lawyer</u> was here last night.[46]
　　　　　　　　　한정 동격명사구
(너와 내가 아는 여럿 캠벨 씨 중에) <u>변호사</u> 캠벨 씨가 어젯밤에 오셨었다.

비한정 동격명사구에서는 ③-1에서처럼 쉼표가 사용되고, 한정 동격명사구에는 ③-2에서처럼 쉼표가 사용되지 않습니다. 한정 동격명사구는 주로 ④에서처럼 부연 설명을 받는 명사의 앞에 옵니다.

④ the soprano Janet Baker, the year 2000, your brother George[47]
　　소프라노 재닛 베이커　　2000년　　　　너의 동생 조지

앞에 사용된 한정 동격명사구는 바로 뒤 명사구를 정의합니다[define]. 반면에 뒤에 사용된 한정 동격명사구는 바로 앞 명사구를 구분하는[classify] 기능을 수행하죠.

⑤ It's going to be highly entertaining at Royal Melbourne, especially if Tiger [Woods] keeps talking about himself in the third person as he did Thursday night when Tiger <u>the captain</u> was citing the merits of Tiger <u>the player</u>.[48]

로열 멜버른에서 매우 흥미진진한 경기가 펼쳐질 것이다. 특히 타이거 [우즈]가 목요일 밤처럼 계속해서 자신을 3인칭으로 말한다면 더욱 그럴 것이다. 그때 그는 주장 타이거가 선수 타이거의 장점을 언급하는 식으로 말하고 있었다.

⑤에서 Tiger the captain과 Tiger the player는 한 명의 골프선수 Tiger Woods를 역할에 의해 captain과 player로 '구분'하고 있습니다. ⑤에서 the captain Tiger와 the player Tiger가 불가능한 이유는 전체 문장이 Tiger Woods를 '정의'하는 맥락이 아니기 때문입니다.

반면에 ⑥에서는 한정 동격명사구 the golfer가 Tiger Woods를 골프선수로 '정의'합니다.

⑥ Gillette has announced that it will not renew its endorsement deal with the golfer Tiger Woods at the end of the year.[49]
질레트는 올해 말 골프 선수 타이거 우즈와의 후원 계약을 갱신하지 않겠다고 발표했다.

비한정 동격명사구는 꾸며 주는 명사의 뒤에 위치하는 경우가 많지만, 한정 동격명사구는 꾸며 주는 명사의 앞에 위치하는 경우가 많습니다.

비한정 동격명사구와 한정 동격명사구의 또 하나 다른 점은 관사의 사용입니다. a와 the가 모두 사용될 수 있는 비한정 동격명사구와 달리 한정 동격명사구는 a와 함께 사용될 수 없습니다.

⑦ Have you read *a novel *Moby Dick*? 소설 〈모비 딕〉 읽어 봤어?
  → the novel *Moby Dick*
  → a novel called *Moby Dick*

⑦에서 novel이 〈Moby Dick(1851년에 출간된 Herman Melville의 소설)〉을 정의하는 한정 동격명사구로 사용되려면 the novel이 되어야 합니다. 부정관사를 사용하려면 a novel called로 수정해야 합니다. the novel called도 가능한데, 이렇게 하려면 청자가 〈모비 딕〉이라는 소설을 알고 있다고 가정해야 합니다.

⑧ Loki, who will have escaped from his bonds beneath the earth, will be the helmsman of the ship called Naglfar.[50]
로키는 지하에 묶여 있던 결박에서 풀려나 나글파르라 불리는 배의 조타수가 될 것이다.

⑧은 〈Norse Mythology 북유럽 신화〉라는 책에 나온 문장인데 the ship called 라는 표현이 사용되었습니다. a ship called도 가능하지만, 작가가 a 대신 the를 사용한 이유는 두 가지가 있을 수 있습니다.

첫째는 독자들이 이 유명한 배를 이미 알고 있을 것이라고 가정한 것입니다. 둘째는 Naglfar는 북유럽 신화에서 중요한 배이므로 독자들에게 이 배에 관해 후속 설명을 하겠다는 의도를 나타내기 위해서입니다.

앞에 사용된 한정 동격명사구가 바로 뒤 명사구를 정의하는 예는 ⑨과 ⑩에도 잘 나타나 있습니다. ⑨에서는 the word가 children을 ⑩에서는 the number가 4를 정의해 주고 있죠.

⑨ Some people use the word *children* as a singular noun.
　　　　　　　　　　한정 동격명사구
어떤 사람들은 단어 children을 단수 명사로 사용한다.

⑩ Most Koreans don't like the number 4.
　　　　　　　　　　　한정 동격명사구
대부분의 한국인들은 숫자 4를 좋아하지 않는다.

⑪에 the를 사용할 수 없는 이유는 page, line, room이 4를 정의하지 않기 때문입니다.

⑪-1　Let's turn to *the page 4.　　→　Let's turn to page 4.
　　　　　　　　　　　　　　　　　　　　　4쪽을 펴세요.

⑪-2　Please read *the line 4.　　→　Please read line 4.
　　　　　　　　　　　　　　　　　　　　　넷째 줄을 읽어 보세요.

⑪-3　I'm in *the room 4.　　　　→　I'm in room 4.
　　　　　　　　　　　　　　　　　　　　　나는 4번 방에 있어.

반면에, ⑫에서는 the year가 2000을 정의하고 있습니다. 여기서 2000은 '년'을 지칭하는 숫자이기 때문입니다.

⑫ **The year 2000** has come and gone without any memorable incident.
*Year 2000
2000년은 아무런 기억에 남을 만한 사건 없이 왔다가 지나갔다.

⑬은 동명의 인기 원작 소설을 바탕으로 제작되었지만, 흥행에 실패한 영화의 제목입니다.

⑬ I Am Number Four

Number Four는 초능력을 가진 이 영화의 주인공을 지칭합니다. 만약 영화 제목이 〈I Am The Number Four〉였다면 숫자 4에 관한 내용을 담고 있었겠죠.

이 것 만 은 확 실 히 !

1 비한정 동격명사구와 한정 동격명사구는 쉼표의 유무에 의해 구별된다.
　e.g. Mr Campbell, a lawyer, was here last night.
　　　　　　　　비한정 동격명사구
　　　Mr Campbell the lawyer was here last night.
　　　　　　　　　한정 동격명사구

2 뒤에 사용된 한정 동격명사구는 바로 앞 명사구를 구분(classify)한다.
　e.g. Tiger the captain was citing the merits of Tiger the player.

3 앞에 사용된 한정 동격명사구는 바로 뒤 명사구를 정의(define)한다.
　e.g. Most Koreans don't like the number 4.
　　　The year 2000 has come and gone.

4 바로 뒤 명사구를 정의하지 않을 때는 관사를 사용하지 않는다.
　e.g. Let's turn to page 4.
　　　I am number 4.

'the+형용사'가 추상명사도 된다고?

Q 다음은 한 커피 전문점에서 사용한 연말연시 선전 문구입니다. 빈칸에 들어갈 관사는 무엇일까요?

Carry _____ merry.
ⓐ ∅   ⓑ a   ⓒ the

A 정답은 'ⓒ the'입니다. 이유는 정관사와 형용사를 결합하면 추상명사로 해석될 수 있기 때문입니다. 따라서 the merry는 '즐거움'이라는 뜻이 되겠죠.

형용사는 총칭적 용법으로 사용된 정관사와 결합하여 명사로 사용될 수 있습니다.[51] 'the+형용사'는 다음과 같이 세 가지로 해석이 가능합니다.

	Ⓐ 복수명사	Ⓑ 단수 또는 복수명사	Ⓒ 추상명사
예	the young 젊은이들	the accused 피고인(들)	the beautiful 아름다움

세 가지의 해석 중 가장 흔한 해석은 복수명사로 해석하는 것입니다.

① The wise are not easily deceived by the ignorant.
= Wise people   = ignorant people
지혜로운 사람들은 무지한 사람들에게 쉽게 속지 않는다.

정관사 대신 your와 같은 소유 한정사, these와 같은 지시 한정사, 그리고 many와 함께 형용사가 사용되어 복수명사를 뜻할 수도 있습니다.

②-1　We will nurse your sick, clothe your naked, and feed your hungry.⁵²
우리는 당신들의 병든 이를 돌보고, 벌거벗은 이를 입히며, 굶주린 이를 먹일 것입니다.

②-2　Almost no one showed to mourn these dead. (COCA:2015:FIC)
이 죽은 이들을 애도하러 온 사람은 거의 없었다.

②-3　a policy which would require many unemployed either to find a job or to accept full-time training or higher education⁵³
많은 실업자에게 일자리를 찾거나 전일제 직업 훈련 또는 고등교육을 받도록 요구하는 정책

hand in hand처럼 밀접한 관계가 있는 명사가 함께 쓰이면 관사가 생략되는 것과 같이(Lesson 28 참고) 밀접한 관계가 있는 형용사가 함께 쓰이면 the가 생략됩니다.

③-1　Fuel and wheat are subsidized fully for both Ø rich and Ø poor. (COCA:2013:NEWS)
연료와 밀은 부자와 가난한 사람들 모두에게 전액 보조된다.

그리고 the number of 뒤에서 정관사가 생략될 수도 있습니다.

③-2　The number of Ø unemployed in July was 265,000, up by 6,000 since June. (COCA:2018:NEWS)
7월의 실업자들 수는 26만 5천 명으로, 6월보다 6천 명 증가했다.

'the+형용사'의 두 번째 가능한 해석은 문장에 따라 단수 또는 복수로 해석되는 것입니다. 이렇게 사용되는 표현은 주로 the accused피고인, the deceased고인(故人), the wounded부상자, the undersigned(문서의) 아래 서명인처럼 과거분사를 포함합니다.

④-1　The accused is considered innocent until proven guilty. (COCA:2000:ACAD)
피고인은 유죄가 입증되기 전까지는 무죄로 간주된다.

④-2 **The accused are left to fend for themselves.** (COCA:2011:MAG)
피고인들은 스스로를 지키도록 내버려진다.

또는 the missing^{실종자}, the dying^{죽어 가는 사람}, the suffering^{고통받는 사람}, the starving^{굶주리는 사람}처럼 현재분사를 포함합니다.

⑤-1 **The missing has been found.**[54]
실종자가 발견되었다.

⑤-2 **Many of the missing were presumed dead.** (COCA:2001:FIC)
실종자들 중 다수는 사망한 것으로 추정된다.

'the+형용사'의 세 번째 가능한 해석은 추상명사로 해석하는 것입니다. 이 용법은 주로 철학적인 주제를 다루는 책에서 자주 사용됩니다.

⑥-1 **Structural man takes the real, decomposes it, then recomposes it.**[55]
구조적 인간은 현실을 받아들이고, 그것을 분해한 다음, 다시 재구성한다.

⑥-2 **Once the real has become the focus of attention, Lacan begins to reflect on its relationship not only to the symbolic but to the imaginary as well.**[56]
현실이 관심의 초점이 되자 라캉은 상징계뿐만 아니라 상상계와의 관계도 성찰하기 시작했다.

그런데, 'the+형용사'와 추상명사는 미묘한 차이가 있습니다. 예를 들어 beauty의 뜻은 '아름다움'이고 the beautiful의 뜻은 '아름다운 모든 것(all that which is beautiful)'입니다.[57] Lesson 9에서 배운 jewelry, software, furniture처럼 전체를 지칭하는 추상명사와 비슷하죠.

⑦에서 'the+형용사'가 구체적인 뜻인 'something obvious/inevitable(명백한/필연적인 것)'로 해석될 수 있는 이유도 'the+형용사'가 추상명사보다는 좀 더 구체적인 개념을 나타내기 때문입니다.[58]

⑦ Not to state the obvious, but you're just postponing the inevitable.
당연한 것을 말하려는 건 아니지만, 너는 단지 필연적인 것을 미루고 있을 뿐이다.

'the+형용사'가 일상대화에서 사용될 때는 주로 ⑧에서처럼 전치사와 함께 사용되는 경우가 많습니다.

⑧ It was something that moved me in the extreme. (COCA:2019:MAG)
이것은 나에게 극도로 감동을 준 것이었다.

비슷한 표현으로는 in the wild^{야생에서}, on the inside^{내부에}, on the outside^{외부에}, on the loose^{풀려난}, on the sly^{은밀히}, to the full^{최대한}, out of the ordinary^{평범하지 않은}, out into the open^{공공연하게} 등이 있는데, inside/outside처럼 형용사인지 명사인지 구분하기가 어려운 예도 있습니다. ⑨에 사용된 cold와 dark도 비슷한 예입니다.

⑨-1 She can't stand the cold.
그녀는 추위를 참을 수 없어.

⑨-2 I'm not afraid of the dark.
나는 어둠을 무서워하지 않아.

위 문장에서 the cold와 the dark는 'the+형용사'가 추상명사로 사용된 것으로 볼 수도 있고 cold와 dark가 ⑩에서처럼 명사로 사용된 것으로 볼 수도 있습니다.

⑩-1 Thousands of people died from cold and disease. (COCA:2009:MAG)
수천 명의 사람이 추위와 질병으로 죽었다.

⑩-2 He saw nothing but reflected dazzles in the darks of her eyes.
(COCA:2001:FIC)
그는 그녀 눈의 어둠 속에 반사된 눈부신 빛 외에는 아무것도 보지 못했다.

그리고 '더위를 참을 수 없다'라고 할 때 '더위'를 the hot이라고 하지 않고 the heat이라고 하는 사실로 미루어 보아 the cold의 cold는 명사일 가능성이 큽니다.

'the+형용사'는 ⑪에서처럼 군주의 이름 뒤에 사용되기도 합니다.

⑪ The Korean alphabet was created by King Sejong the Great.
한글은 세종대왕에 의해 창제되었다.

다른 예로는 Frederick the Great프리드리히 대왕, Peter the Great표트르 대제, Ivan the Terrible이반 뇌제 등이 있고, Elizabeth II엘리자베스 2세처럼 군주 이름 뒤에 있는 로마 숫자는 정관사와 함께 서수=Elizabeth the Second로 읽습니다.

군주 이름 뒤에는 William the Conqueror정복자 윌리엄처럼 명사가 사용되기도 합니다. 형용사 앞의 the는 생략할 수 없지만, 명사 앞의 the는 Richard (the) Lionheart사자심왕 리처드와 Richard Crookback꼽추 리처드에서처럼 생략할 수 있습니다.[59] (COCA에서 Richard the Lionheart는 25회, Richard Lionheart는 4회, Richard the Crookback은 0회, Richard Crookback은 3회가 검색됩니다.)

이 것 만 은 확 실 히 !

1 'the+형용사'는 복수명사, 문장에 따라 단수 또는 복수명사, 추상명사의 세 가지로 해석이 가능하고, 복수명사의 해석이 가장 자주 사용된다.

> e.g. The wise are not easily deceived by the ignorant.
> = Wise people   = ignorant people

2 문장에 따라 단수 또는 복수로 해석되는 표현은 주로 과거분사 또는 현재분사를 포함한다.

> e.g. The accused is considered innocent until proven guilty.
> The missing has been found.

3 추상명사로 해석되는 'the+형용사'는 주로 철학적인 주제를 다루는 책에 사용된다.

> e.g. Structural man takes the real, decomposes it, then recomposes it.

Captain America's shield 앞에는 정관사가 필요 없나?

Q 다음 중 문법적으로 틀린 표현은 무엇일까요?

ⓐ Captain America's shield
ⓑ the Captain America shield
ⓒ the Captain America's shield

A shield는 단수가산명사이므로 관사, 소유한정사, 또는 지시한정사의 한정을 받아야 합니다. ⓐ에서는 소유격인 Captain America's 한정을 받고 있으므로 문제가 없고, ⓑ에서는 정관사 the의 한정을 받고 있으므로 문제가 없습니다. ⓒ에서 the는 Captain America를 한정합니다. shield는 이미 Captain America's가 한정하기 때문입니다. 그런데 고유명사인 Captain America 앞에는 정관사를 사용할 수 없으므로 ⓒ는 틀린 표현입니다. 따라서 정답은 ⓒ입니다.

중치한정사인 관사, 소유한정사, 지시한정사는 연이어서 사용할 수 없습니다. 하나의 명사는 하나의 중치한정사로부터만 한정받을 수 있기 때문입니다. ①에서 shield는 소유격인 Captain America's의 한정을 받고, hammer는 Thor's 한정을 받고 있으므로 관사가 필요 없습니다.

① What is the most powerful weapon? Is it Ø Captain America's shield or Ø Thor's hammer?[60]
가장 강력한 무기는 무엇일까? 캡틴 아메리카의 방패일까, 아니면 토르의 망치일까?

반면에 ②에서는 Captain America가 소유격이 아니므로 shield를 한정해 주는 관사가 필요합니다. 그래서 the가 사용된 것이죠.

② In the final moments of the movie, Rogers reappeared in the present as an old man and handed over the Captain America shield to Sam Wilson, his friend who fights crime as The Falcon.[61]
영화의 마지막 순간에 로저스는 노인의 모습으로 현재에 다시 나타나 캡틴 아메리카 방패를 팔콘으로 범죄와 싸우는 샘 윌슨에게 넘겨주었다.

그럼 ③에서 정관사가 한정하는 명사는 무엇일까요?

③ One of Monteith's more substantial edits involved toning down the Simon character's "Christ-like" characteristics.[62]
몬티스의 더 본질적인 편집 중 하나는 사이먼 캐릭터의 "그리스도 같은" 특성을 완화하는 것이었다.

위 문장에서 the가 한정하는 것은 character입니다. 물론 고유명사인 Simon은 정관사의 한정을 받을 수 없죠. the는 characteristics를 한정하지도 않습니다. characteristics를 한정하는 것은 소유격인 the Simon character's이기 때문입니다. 명사는 관사, 소유한정사, 지시한정사 중 하나로부터만 한정받을 수 있다는 것을 꼭 기억해야 합니다. 그런데 똑같은 원리를 적용하면 ④는 비문이 되어야 하는데, 그렇지 않습니다.

④ He lives in an old people's home.[63] 그는 양로원에 살고 있다.

③에서 설명한 원리를 적용하면 ④에서 home을 한정하는 것은 소유격인 old people's이므로 부정관사 an은 바로 뒤 명사구인 old people을 한정하게 됩니다. 하지만 people은 복수명사이므로 an이 한정할 수 없죠.

따라서 ④에서 an이 한정하는 명사는 home입니다. 그렇다면 소유격인 old people's는 home을 한정하지 않고 형용사처럼 꾸며 준다는 뜻입니다. 이렇게 형용사처럼 사용되는 소유격을 '형용사적 소유격attributive genitive'이라고 합니다.⁶⁴ 형용사적 소유격을 포함하는 다른 예로는 a women's college, a children's book, a boys' soccer team 등이 있습니다.

한정사로 사용되는 소유격과 형용사로 사용되는 소유격의 의미 차이는 다음과 같이 설명할 수 있습니다. 한정사로 사용되는 소유격은 ⑤에서처럼 '~의 of'로 해석됩니다.

  ⑤-1 Captain America's shield = the shield of Captain America
     캡틴 아메리카의 방패

  ⑤-2 Thor's hammer = the hammer of Thor
     토르의 망치

하지만 형용사적 소유격은 모두 ⑥에서처럼 '~을 위한for'으로 해석됩니다.

  ⑥-1 an old people's home = a home for old people
     노인들을 위한 집

  ⑥-2 a women's college = a college for women
     여성들을 위한 대학

  ⑥-3 a children's book = a book for children
     아이들을 위한 책

  ⑥-4 a boys' soccer team = a soccer team for boys
     소년들을 위한 축구팀

이 것 만 은 확 실 히 !

1 명사는 관사, 소유한정사, 지시한정사 중 하나의 한정만 받을 수 있다
  e.g. Ø Captain America's shield vs. the Captain America shield

2 형용사적 소유격은 '~을 위한(for)'으로 해석된다.
  e.g. an old people's home = a home for old people
   a children's book = a book for children

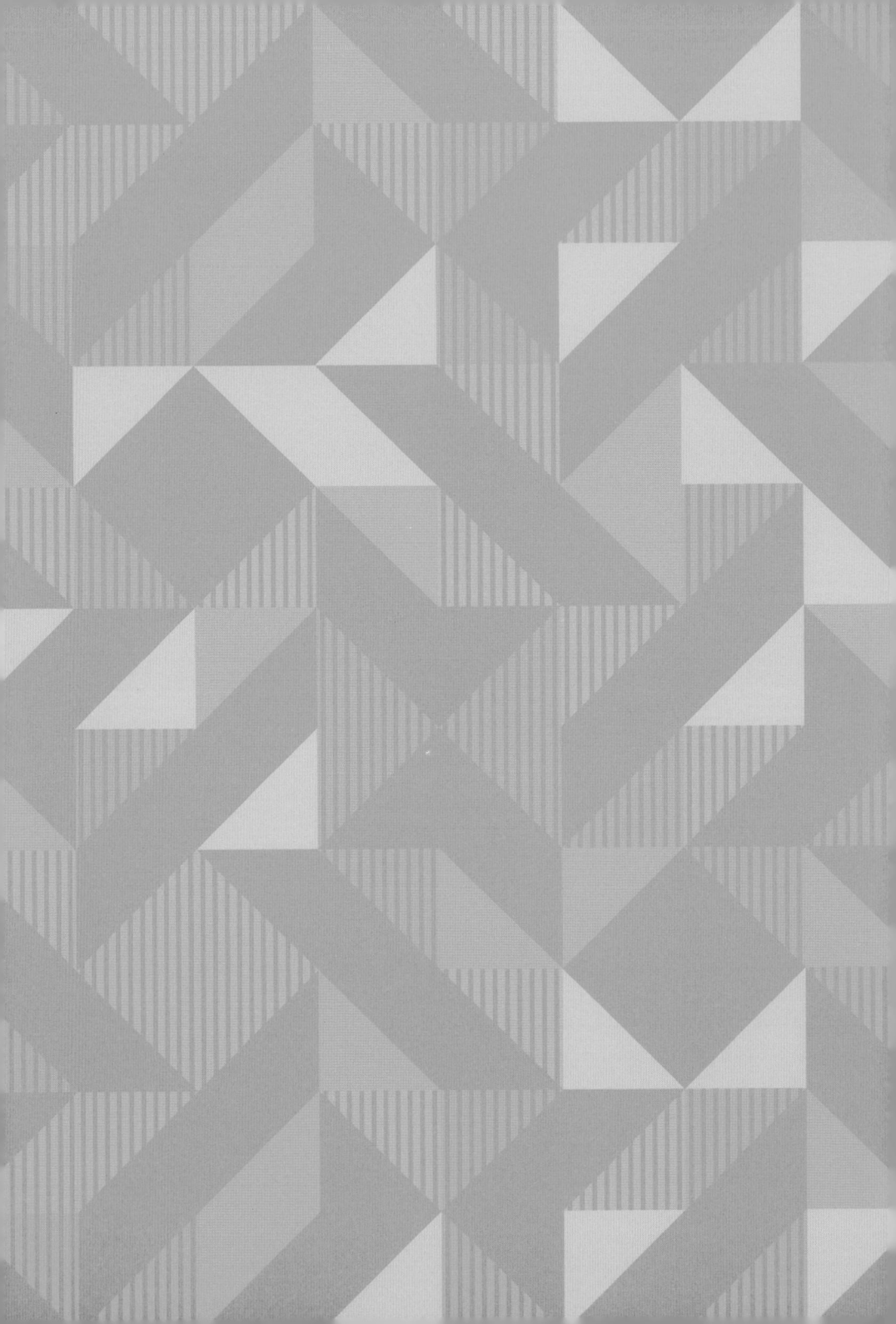

관사의 생략과 무관사

Article Omission and the Zero Article

26 president는 가산명사인데 왜 앞에 관사가 없지?

Q 다음 빈칸에 가장 적절한 관사는 무엇일까요?

He is _____ captain of our baseball team.
그가 우리 야구팀의 주장이야.

ⓐ a　　　ⓑ the　　　ⓒ Ø

A 문법적으로는 모든 관사가 가능합니다. 만약 captain이 두 명 이상 있다면 부정관사도 가능하지만 좀 어색합니다. 두 명이라면 a co-captain, 세 명이라면 one of the three captains가 좀 더 자연스럽습니다. captain이 한 명만 있다면 정관사를 사용하는 것이 맞는데, 유일한 직책을 나타낼 때는 주로 정관사를 생략합니다. 따라서 정답은 'ⓒ Ø'입니다.

관사는 여러 가지 이유로 생략될 수 있습니다. 1983년에 노벨 문학상을 받은 William Golding의 첫 번째 소설의 제목인 〈Lord of the Flies 파리 대왕〉는 무관사로 시작합니다. 그런데 Lord of the Flies가 소설에 등장할 때는 항상 ①에서처럼 앞에 정관사가 사용됩니다.

① **The Lord of the Flies** hung on his stick like a black ball.[1]
파리 대왕은 검은 공처럼 그의 지팡이에 매달려 있었다.

왜 제목에서는 The를 생략하였는지 명확하지 않지만, 처음에 나오는 정관사를 생략하는 것은 ②와 ③과 같은 문장에서도 관찰됩니다.

② Ø Fact is, we don't pay police officers very well. (COCA:2017:NEWS)
사실, 우리는 경찰관들에게 그다지 좋은 급여를 주지 않는다.

③ Ø Truth is we are still enslaved, laboring for them. (COCA:2019:ACAD)
진실은 우리가 아직도 그들을 위해 노예로 일하고 있다는 것이다.

④에서는 관계대명사절의 꾸밈을 받음에도 불구하고 정관사가 생략되었습니다.

④ Ø Next thing you know, years have passed. (COCA:2018:MAG)
정신을 차려 보면, 어느새 수년이 지나 버린다.

문장 첫 부분에서 생략되는 것은 관사에만 국한되지 않습니다. ⑤에서처럼 대명사 It이 생략되기도 하죠.

⑤ Turns out, all he needed was the right coach. (COCA:2019:NEWS)
알고 보니, 그에게 필요했던 건 제대로 된 코치 한 명뿐이었다.

문장 첫 부분에서 관사 또는 대명사를 생략하는 것은 주로 회화에서 발생하지만, 격식 없는 informal 문어에서도 종종 나타납니다. 예문 ②~⑤도 모두 문어에서 발췌한 것입니다.

제목 또는 문장의 첫 부분 외에서 관사가 생략될 때는 모두 특별한 이유가 있습니다. ⑥에서 정관사가 생략된 이유는 president 대통령가 유일한 직책을 나타내기 때문입니다.

⑥ What will you do when you're not Ø president?
대통령이 아닐 때는 무엇을 할 건가요?

위 문장은 2015년 5월 4일에 방영된 〈The Late Show with David Letterman〉에서 Letterman이 44대 미국 대통령 Barack Obama에게 한 질문입니다.

유일한 직책을 나타내는 명사 앞에는 정관사를 선택적으로 생략할 수 있습니다. 따라서 ⑥에서도 정관사 사용이 가능하고, ⑦에서도 정관사 사용이 가능합니다.

⑦ In his inaugural address, Barack Obama referred to those who had just elected him Ø president as "a nation of Christians and Muslims, Jews and Hindus, and non-believers." (COCA:2010:NEWS)
취임 연설에서 버락 오바마는 자신을 대통령으로 막 선출한 사람들을 "기독교인과 무슬림, 유대인과 힌두교도, 그리고 비신자들로 이루어진 나라"라고 언급했다.

하지만 유일한 직책 앞에서 정관사가 사용되는 것보다 생략되는 빈도수가 훨씬 높습니다. 따라서, ⑥과 ⑦에서 모두 정관사를 생략하는 것이 더 자연스럽습니다.

COCA에서 elected him Ø president는 17회가 검색되는 반면, elected him the president는 한 회도 검색되지 않습니다. 그리고 ⑧-1과 같은 as Ø captain of는 126회가 검색되는 반면, ⑧-2와 같은 as the captain of는 42회만 검색됩니다.

⑧-1 As Ø captain of the Nebuchadnezzar, Morpheus is both an army leader and a spiritual one. (COCA:2003:NEWS)
네부카드네자르 호의 선장으로서, 모피어스는 군사적 지도자이자 영적 지도자이기도 하다.

⑧-2 As the captain of various starships, she'd planted three colonies, including this one. (COCA:2007:FIC)
여러 우주선의 선장으로서, 그녀는 이곳을 포함해 세 개의 식민지를 개척했다.

유일한 직책을 나타내는 명사가 ⑨에서처럼 동격명사구로 사용되었을 때도 정관사를 생략할 수 있습니다.

⑨ Mrs Peterson, (the) wife of a leading local businessman, was fined for reckless driving.[2]
지역 유력 사업가의 아내인 피터슨 부인은 난폭 운전으로 벌금을 물었다.

그런데 ⑩에서처럼 유일한 직책을 나타내지 않는 동격명사구에서 부정관사가 생략되는 일도 있습니다. 이런 동격명사구는 주로 앞의 명사를 정의해 줍니다.

⑩ Mary Cordwell, Ø 25-year-old singer on television show, is being invited to the reception.³
텔레비전 쇼에 출연 중인 25세 가수 메리 코드웰이 리셉션에 초대받고 있다.

미국에서 결혼식을 할 때는 신랑과 신부 옆에 들러리들이 서는데, 신랑의 들러리 중 한 명이 결혼 반지를 가지고 있습니다. 그 사람을 the best man이라고 하죠. the best man도 유일한 직책이므로 ⑪에서처럼 정관사를 생략할 수 있습니다.

⑪ My brother Matthew was Ø best man at my wedding.
내 동생 매튜가 내 결혼식에서 베스트맨을 맡았어.

흥미로운 것은 다른 유일한 직책과 달리 the best man은 정관사와도 자주 함께 사용된다는 것입니다. COCA에서 was Ø best man at은 25회가 검색되고, was the best man at은 23회가 검색됩니다. 차이가 거의 없죠. 최상급인 best가 사용되어서 정관사가 자주 사용되는 것 같습니다. 그런데 ⑪과 달리 ⑫에서는 정관사를 생략할 수 없습니다.

⑫ Tradition dictates that the best man holds both wedding rings before the ceremony.⁴
전통에 따르면 결혼식 전에 베스트맨이 두 개의 결혼 반지를 모두 보관한다.

위 문장에서 정관사를 생략할 수 없는 이유는 the best man이 직책이 아닌 사람을 지칭하기 때문입니다.⁵ ⑬-1에서 정관사를 생략할 수 없는 이유도 사람을 만나지, 직책을 만날 수는 없기 때문입니다.

⑬-1 I was introduced around and met the president. (COCA:2002:FIC)
나는 이 사람 저 사람에게 소개되었고, 대통령도 만났다.

COCA에서 met Ø president를 검색하면 84회가 조회되는데, 모두 ⑬-2처럼 Ø president 뒤에는 이름이 적혀 있습니다.

⑬-2 **They even met Ø President Obama.** (COCA:2015:MAG)
그들은 오바마 대통령도 만났다.

따라서, king, queen, president, captain, leader, director, manager, best man 등과 같은 단어 앞에 정관사를 사용할지는 이 단어들이 그 문장에서 직책을 나타내는지 사람을 나타내는지에 달려 있습니다.

구분하기 어려울 때는 그냥 정관사를 사용하면 됩니다. 정관사를 사용하면 항상 맞으니까요. 하지만 좀 더 자연스러운 영어를 구사하려면 유일한 직책을 나타내는 단어 앞에서는 정관사를 생략해야 합니다.

이것만은 확실히!

1 문장 처음에 나오는 정관사는 특별한 이유 없이 생략되기도 한다.
   e.g. Ø Fact is, we don't pay police officers very well.

2 유일한 직책을 나타내는 명사 앞에는 정관사가 주로 생략된다.
   e.g. What will you do when you're not Ø president?
   As Ø captain of this ship, he is both an army leader and a spiritual one.

3 직책을 나타내지 않고 사람을 지칭할 때는 정관사를 생략할 수 없다.
   e.g. I was introduced around and met the president.

linguist Chomsky일까 아니면 the linguist Chomsky일까?

Q 아래 문장의 빈칸에 들어갈 수 있는 관사는 무엇일까요?

One of the most famous people in America is _____ linguist Noam Chomsky.
미국에서 가장 유명한 인물 중 한 명은 언어학자 놈 촘스키이다.

ⓐ 무관사   ⓑ 정관사   ⓒ 둘 다 가능

A 위 빈칸에는 무관사와 정관사가 모두 사용될 수 있습니다. 따라서 정답은 ③입니다. 그런데 문법적으로 더 정확한 표현은 the linguist Noam Chomsky 입니다. linguist(언어학자)는 Professor(교수)와 같이 타이틀(또는 직함 호칭어)로 사용되는 직업명이 아니기 때문입니다. 그런데 Ø linguist Noam Chomsky에서는 linguist가 Professor처럼 타이틀로 사용된 것입니다.

아래 예문은 모두 COCA에서 추출한 예문인데, ①-1에서는 linguist Noam Chomsky 앞에 관사가 없고, ①-2에서는 정관사가 사용되었습니다.

①-1 Many scientists, inspired largely by linguist Noam Chomsky of MIT, see no biological precedents for the brain structures governing human language. (COCA:1991:MAG)
많은 과학자는 MIT의 언어학자 놈 촘스키의 영향을 받아, 인간 언어를 관장하는 뇌 구조에 생물학적 선례가 없다고 본다.

①-2 The field is often said to have originated in the 1950s, when the linguist Noam Chomsky proposed that the brain came equipped with universal rules giving us the ability to generate infinite numbers of phrases and sentences. (COCA:2011:ACAD)
이 분야는 종종 1950년대에 시작되었다고 여겨지는데, 그때 언어학자 놈 촘스키가 인간의 뇌에는 무한한 수의 구와 문장을 만들어 낼 수 있는 보편적인 규칙이 내재되어 있다고 제안했기 때문이다.

만약 linguist 대신 professor를 사용하면 ②에서처럼 Ø Professor Noam Chomsky는 가능해도 *the Professor Noam Chomsky는 불가능합니다.

② Professor Noam Chomsky gave a series of lectures on linguistic theory at UCLA from April 29, 2019 to May 2, 2019. The lectures presented Professor Chomsky's ongoing work in formal linguistics.[6]
놈 촘스키 교수는 2019년 4월 29일부터 5월 2일까지 UCLA에서 언어 이론에 관한 일련의 강연을 진행했다. 이 강연에서는 촘스키 교수가 형식 언어학 분야에서 진행 중인 연구가 소개되었다.

linguist와 professor의 차이점은 전자는 호칭어로 사용할 수 없지만, professor는 호칭어로 사용할 수 있다는 것입니다.

③-1 *Linguist Chomsky, can I ask you a question?
촘스키 언어학자님, 제가 질문 하나 드려도 될까요?

③-2 Professor Chomsky, can I ask you a question?
촘스키 교수님, 제가 질문 하나 드려도 될까요?

호칭어로 사용될 수 없는 직업명이 문장 안에 사용되었을 때는 the linguist Noam Chomsky처럼 정관사와 함께 사용하는 것이 맞습니다. 이때 the linguist는 the famous writer Ted Johnson, the novel *Moby Dick*, my good friend Barbara의 밑줄 친 명사구처럼 한정 동격명사구로 사용된 것입니다.[7] (한정 동격명사구의 자세한 설명은 Lesson 23 참고)

다음 예문을 보면 Ø linguist Noam Chomsky가 왜 원칙적으로는 문법에 맞지 않는지 알 수 있습니다.

④ Have you read the novel *Moby Dick*?
　　　　　　　　　*Ø novel
　소설 〈모비 딕〉 읽어 봤어?

novel *Moby Dick*이 틀린 표현인 것과 같이 linguist Noam Chomsky도 문법에는 맞지 않은 표현입니다. 그런데도 linguist Noam Chomsky와 같은 표현은 미국의 유명한 시사 잡지인 *Time*에서 자주 발견되어서 '타임지 스타일Timestyle'로 불리기도 합니다.[8]

하지만 격식 있는 문어체에서는 정관사를 선호합니다. 영국 영어에서도 주로 the를 사용하죠.[9] the linguist Noam Chomsky가 사용된 예문 ①-2의 출처도 학술지ACAD=academic journals입니다. 반면에, linguist Noam Chomsky가 사용된 예문 ①-1의 출처는 잡지MAG=magazines입니다.

linguist Noam Chomsky와 같이 원래 타이틀로 사용되지 않는 직업명이 타이틀로 사용된 것을 학술 용어로는 '의사 타이틀pseudo-title'이라고 합니다.[10] 타이틀로 사용되는 직업과 그렇지 않은 직업은 한국어에서도 구분합니다. 전자는 '촘스키 교수'처럼 이름 뒤에 사용하고, 후자는 '언어학자 촘스키'처럼 이름 앞에 사용하죠.

또한, 한국어에서도 예전에 사용되지 않았던 직업명이 타이틀처럼 사용되는 현상을 관찰할 수 있습니다.[11] 예를 들어, 예전에는 '작가 유시민'만 가능했는데 이제는 '유시민 작가'도 가능합니다. 하지만, 모든 직업명이 타이틀로 사용될 수 있는 것은 아닙니다. '배우 송강호'는 자연스럽지만 '송강호 배우'는 좀 이상하지 않나요?

이 것 만 은 확 실 히 !

linguist 또는 writer처럼 타이틀로 사용되지 않는 직업명도 신문 또는 잡지에서는 타이틀처럼 인명 앞에 관사 없이 사용될 수 있다.

e.g. Many scientists were inspired by Ø linguist Noam Chomsky.
= the linguist Noam Chomsky

Lesson 28

live from hand to mouth 에는 왜 관사가 없지?

Q 다음 문장의 빈칸에 가장 적절한 관사는 무엇일까요?

He's old enough to put _____ pen to paper.
그는 이제 글을 쓸 나이가 되었다.

ⓐ a　　ⓑ the　　ⓒ Ø

A put pen to paper는 '쓰기 시작하다'라는 뜻의 숙어입니다. 따라서 정답은 'ⓒ Ø'입니다. COCA에서 Ø pen to paper는 208회가 검색되는 반면, a pen to paper는 3회, the pen to paper는 1회만 검색됩니다.

①-1은 1988년 서울 하계 올림픽의 공식 주제곡인 〈손에 손잡고〉의 영어 가사 중 한 구절입니다.

①-1　Hand in hand we stand all across the land.
　　　손에 손잡고 벽을 넘어서.

hand 앞에 관사가 생략된 이유는 '밀접한 관계가 있는 명사'가 함께 쓰였기 때문입니다. 동일한 명사 사이에는 물론 밀접한 관계가 있겠죠.

①-2　Ms. Rice worked hand in hand with Mr. Bush. (COCA:2004:NEWS)
　　　라이스 여사는 부시 대통령과 긴밀히 협력하여 일했다.

①-1에서 hand in hand는 '손에 손잡고'라는 뜻이지만, ①-2에서는 은유적인 표현으로 사용되었습니다.

 ②-1 They stood looking eye to eye. (COCA:2017:FIC)
   그들은 눈을 마주 보며 서 있었다.

 ②-2 We fought about this. We did not see eye to eye. (COCA:2018:FIC)
   우리는 이 문제로 싸웠어. 의견이 일치하지 않았지.

마찬가지로 ②-1에서는 eye to eye가 '눈을 맞대고/마주 보고'라는 뜻이지만 ②-2에서는 동사 see와 함께 사용되어 '의견을 같이하다'라는 숙어로 사용되었습니다.

관사가 생략되는 표현은 주로 hand in hand, eye to eye, day by day처럼 관용적으로 사용되는 표현이 많지만 ③에서처럼 문맥에 맞는 새로운 표현을 만들 수도 있습니다.

 ③ We are encouraged to plan what we are going to write about, paragraph by paragraph.[12]
   우리는 무엇에 관해 쓸 것인지 단락별로 계획하라고 권장 받는다.

mile upon mile과 같이 주로 of 전치사구와 함께 사용되는 표현도 있습니다. COCA에서 mile upon mile은 24회 검색되는데 그중에 ④-1처럼 단독 사용된 것은 6회, ④-2처럼 of 전치사구와 함께 사용된 것은 18회입니다.

 ④-1 The clear-cut areas grotesquely span mile upon mile.
   (COCA:1990:NEWS)
   벌채된 지역들이 기괴하게도 수 마일에 걸쳐 펼쳐져 있다.

 ④-2 Mile upon mile of road he has yet to travel. (COCA:1992:FIC)
   그가 아직 가야 할 길이 수 마일에 걸쳐 끝없이 이어져 있다.

'밀접한 관계가 있는 명사'는 day와 night처럼 상반되는 단어가 될 수도 있습니다. 이런 단어가 함께 사용될 때도 ⑤에서처럼 관사가 생략됩니다.

⑤ **The adults stayed awake day and night.** (COCA:2018:FIC)
어른들은 밤낮으로 깨어 있었다.

상반되는 단어가 사용되는 순서는 주로 관용적으로 정해져 있습니다.

⑥ **I now pronounce you husband and wife.**
이제 두 사람을 부부로 선포합니다.

결혼식 마지막에 하는 말인 ⑥은, 순서를 바꿔 wife and husband라고는 하지 않습니다. ⑦에서처럼 차이점에 관해 얘기할 때는 day and night 대신 night and day라고 합니다.

⑦ **The difference is like night and day.**
그 차이는 밤과 낮만큼이나 큽니다.

아래는 '밀접한 관계가 있는 명사'로 구성되어서 관사가 생략된 표현을 표로 정리한 것입니다.

〈밀접한 관계가 있는 명사로 구성된 표현〉

같은 단어		상반된 단어	
hand in hand	손에 손을 잡고	day and night	주야로, 끊임없이
arm in arm	팔짱을 끼고	husband and wife	부부
toe to toe	맞붙어, 정면으로 맞서	from father to son	대를 이어
eye to eye	의견이 일치하는	from right to left	오른쪽에서 왼쪽으로
face to face	마주 보고	from north to south	북쪽에서 남쪽까지
back to back	연달아	from head to toe	머리부터 발끝까지

day by day	나날이	from top to bottom	위에서 아래까지
side by side	나란히	from dawn to dusk	새벽부터 해 질 때까지
step by step	한 걸음씩	from morning to evening	아침부터 저녁까지
mile upon mile	수 마일에 걸쳐	from beginning to end	처음부터 끝까지
from door to door	집마다	live from hand to mouth	입에 풀칠하며 살다
from generation to generation	대대로	put/set pen to paper	글을 쓰기 시작하다

상반된 단어는 거의 모두 ⑧과 ⑨에서처럼 from A to B의 형태로 사용되는 표현이 많습니다.

⑧ The grounds are open from dawn to dusk for free. (COCA:2014:NEWS)
이 공원은 새벽부터 해가 질 때까지 무료로 개방된다.

⑨ For two hundred miles it flowed from north to south. (COCA:2001:FIC)
그것은 200마일 동안 북쪽에서 남쪽으로 흘렀다.

그리고 ⑩의 from hand to mouth처럼 특정한 동사(live)와 주로 함께 사용되는 표현도 있습니다.

⑩ Millions of children wander Latin America's streets living from hand to mouth. (COCA:1993:ACAD)
수백만 명의 아이들이 라틴아메리카의 거리에서 입에 풀칠하며 살아간다.

위 표에 정리된 관용적으로 사용되는 표현 외에 다른 상반된 단어가 함께 사용될 때도 ⑪에서처럼 관사를 생략할 수 있습니다.

⑪ The couple looked more like they could be brother and sister.
(COCA:2019:FIC)
그 커플은 오히려 남매처럼 보였다.

⑫처럼 상반되는 단어가 세 개가 연결될 때도 관사를 생략할 수 있습니다.

⑫ The form of a text is determined by the interaction of writer, reader, and content.[13]
글의 형식은 작가, 독자, 그리고 내용의 상호 작용에 의해 결정된다.

위 문장에서 content는 writer, reader와 모두 상반되는 단어입니다. 쓰는 자writer와 쓰이는 것content, 읽는 자reader와 읽히는 것content의 관계가 성립되기 때문이죠.

⑬에는 지금까지 논의한 예문들과 다른 점이 있습니다.

⑬ Michael put pen to paper and immediately composed a response.
(COCA:2018:NEWS)
마이클은 펜을 종이에 대고 즉시 답장을 썼다.

다른 예문들과 달리 ⑬에서 pen은 put의 목적어이고 to paper는 put의 '필수 부사구obligatory adverbial'입니다.[14] pen과 paper 모두 동사 put의 지배를 받고 있죠.

⑭ *Set Ø thief to catch Ø thief. → Set a thief to catch a thief.[15]
도둑을 잡으려면 도둑을 써라.

동사의 지배를 받는 단어의 관사를 생략하려면 ⑬에서처럼 두 단어가 모두 같은 동사의 지배를 받아야 합니다. ⑭에서처럼 다른 동사의 지배를 받는 단어 앞에서는 관사를 생략할 수 없습니다.

⑮ Ø Pen touches Ø paper—and abracadabra!¹⁶
   펜이 종이에 닿는다—그리고 수리수리마수리!

하지만, ⑮에서처럼 같은 문장의 주어와 목적어 앞에서는 관사를 생략할 수 있습니다.

이 것 만 은 확 실 히 !

1 '밀접한 관계가 있는 명사'로 구성된 표현에서는 관사를 생략한다.
   e.g. Hand in hand we stand all across the land.
   We did not see eye to eye.
   Mile upon mile of road he has yet to travel.

2 상반된 단어도 밀접한 관계가 있는 명사이므로 관사를 생략한다.
   e.g. The adults stayed awake day and night.
   The grounds are open from dawn to dusk for free.

3 상반되는 단어가 세 개가 연결될 때도 관사를 생략할 수 있다.
   e.g. The form of a text is determined by the interaction of writer, reader, and content.

4 같은 동사의 지배를 받지 않는 명사 앞의 관사는 생략할 수 없다.
   e.g. Set a thief to catch a thief.
         *Ø thief   *Ø thief

Lesson 29

on the bus에는 관사가 있는데 왜 by bus에는 없지?

Q 다음 문장의 빈칸에 사용될 수 있는 관사는 무엇일까요?

They sell envelopes only by _____ box.
그들은 봉투를 오직 상자 단위로만 판다.

ⓐ a　　ⓑ the　　ⓒ Ø

A by bus와 by phone처럼 교통 또는 통신의 수단을 나타내는 by 전치사구에는 무관사가 사용됩니다. 하지만 by the hour와 by the box에서처럼 시간 또는 수량의 단위를 나타내는 by 뒤에는 정관사를 사용해야 합니다. 따라서 정답은 'ⓑ the'입니다.

Lesson 21에서 체계적인 버스 서비스를 지칭할 때는 ①-1에서처럼 bus 앞에 정관사를 사용해야 한다고 배웠습니다.

①-1　It takes an hour on the bus (to get there).
　　　(거기 가는 데) 버스에서(= 버스로) 한 시간이 걸려.

그런데 한국어로도 좀 더 자연스러운 전치사 by~를 사용하면 ①-2에서처럼 관사를 생략해야 합니다.

①-2　It takes an hour by Ø bus (to get there).
　　　(거기 가는 데) 버스로 한 시간이 걸려.

Lesson 21에서 정관사는 bus, train, subway, ferry처럼 체계적인 교통수단으로 사용되는 명사 앞에만 사용되고, 체계적인 교통수단으로 사용되지 않는 car, taxi, bicycle, ship, airplane 등은 정관사와 함께 사용되지 않는다고 배웠습니다.

② I came by car / by taxi / by bicycle / by train / by subway / by ferry.
나는 차 / 택시 / 자전거 / 기차 / 지하철 / 배(연락선)로 왔어.

하지만 by를 사용할 때는 ②에서처럼 모두 관사를 사용하지 않습니다.

③-1 I received this coupon in the mail.
나는 이 쿠폰을 우편으로 받았어.

③-2 I received this coupon by mail.
나는 이 쿠폰을 우편으로 받았어.

③-1에서 mail 앞에 정관사가 사용된 이유도 mail이 통신수단이기 때문이죠. 그런데 mail도 ③-2에서처럼 by 뒤에서는 관사를 사용하지 않습니다.

물론 다른 통신수단도 모두 by 뒤에서는 ④처럼 관사를 사용하지 않습니다.

④ You can contact him by fax, by email, or by phone.
팩스, 이메일, 또는 전화로 그에게 연락하면 돼.

text문자는 다양한 표현으로 사용됩니다. COCA에서 사용 빈도수가 가장 높은 표현은 by text입니다. ⑤와 같은 예시가 총 81회 검색됩니다.

⑤ No one breaks up by text! (COCA:2009:MAG)
아무도 문자로 이별하지는 않아!

그다음으로 사용 빈도수가 높은 표현은 by text message입니다. ⑥과 같은 예시가 총 58회 검색됩니다.

⑥ She got in touch with me **by text message.** (COCA:2015:MOV)
　그녀는 문자 메시지로 나에게 연락했다.

복수형인 by text messages도 14회가 검색되는데, ⑦-1에서처럼 통신수단으로 사용된 예시는 6회이고, 나머지는 ⑦-2에서처럼 수동태에 사용되었습니다.

⑦-1 The University of Texas created a system for notifying students of dangers **by text messages, e-mails and social networking.** (COCA:2010:NEWS)
　텍사스 대학교는 학생들에게 위험을 알리기 위해 문자 메시지, 이메일, 소셜 네트워크를 통한 알림 시스템을 만들었다.

⑦-2 Machines can't be distracted **by text messages, music, or spilled soda.** (COCA:2013:MAG)
　기계는 문자 메시지나 음악, 쏟아진 탄산음료에 의해 산만해지지 않는다.

by text messaging은 총 5회가 검색되는데 그중 3회가 ⑧-1에서처럼 통신수단으로 사용되었고 나머지는 ⑧-2에서처럼 목적어를 수반하는 동명사로 사용되었습니다.

⑧-1 The child's parents and police officers went to the Warwick Lane residence and, after several attempts, contacted Brimm **by text messaging.** (COCA:2018:NEWS)
　그 아이의 부모와 경찰관들은 워릭 레인에 있는 집으로 가서 여러 차례 시도 끝에 브림과 문자 메시지로 연락을 취했다.

⑧-2 You vote now on your wireless phone **by text messaging** the name of the Survivor all-star. (COCA:2004:TV)
　이제 서바이버 올스타의 이름을 휴대폰 문자 메시지로 보내 투표하세요.

교통·통신수단을 나타내는 by 뒤에는 무관사와 단수명사를 사용하는 것이 원칙이므로, 복수형인 by text messages가 통신수단으로 사용되는 예는 극

153

히 드뭅니다. ⑨에서처럼 by texts도 통신수단으로 사용되는 예시가 있지만 8회만 검색이 됩니다.

⑨ Now they can do it by texts and online. (COCA:2012:NEWS)
이제 그들은 문자로 그리고 온라인에서 그것을 할 수 있다.

아래는 통신수단으로 사용된 text의 사용 빈도수를 표로 정리한 것입니다. by email, by phone과 같은 형태인 by text의 사용 빈도수가 가장 높고 by text message도 높은 사용 빈도수를 나타냅니다.

〈통신수단으로 사용된 text의 사용 빈도수〉

by text	81회
by text message	58회
by texts	8회
by text messages	6회
by text messaging	3회

빈도수 높음 ↕ 빈도수 낮음

교통과 통신의 수단을 나타낼 때와는 달리 by가 시간의 단위를 나타낼 때는 ⑩에서처럼 정관사를 사용해야 합니다.

⑩-1 Do you charge by the hour?
시간당 요금을 받나요?

⑩-2 "Do you realize how much cheaper the rates are by the month? Much cheaper than by the week," he said. (COCA:2019:FIC)
"한 달 단위 요금이 얼마나 더 저렴한지 알아요? 일주일 단위보다 훨씬 저렴해요." 그가 말했다.

마찬가지로 by가 수량의 단위를 나타낼 때도 ⑪에서처럼 정관사를 사용해야 합니다.

⑪-1 You can buy doughnuts only by the dozen or by the kilogram here.
도넛을 여기서는 12개 또는 킬로그램 단위로만 살 수 있어.

⑪-2 My wife loves those things. I swear, she eats them by the box.
(COCA:2000:FIC)
내 아내는 그걸 정말 좋아해. 맹세코, 그녀는 한 상자씩 먹어 치워.

eat something by the box는 '엄청나게 많이 먹는다'라는 뜻의 과장된 표현입니다.

이 것 만 은 확 실 히 !

1 교통과 통신의 수단을 나타내는 by 전치사구에는 관사를 사용하지 않는다.
- e.g. It takes an hour by Ø bus. vs. It takes an hour on the bus.
- e.g. I received it by Ø mail. vs. I received it in the mail.

2 시간과 수량의 단위를 나타내는 by 전치사구에는 정관사를 사용한다.
- e.g. Do you charge by the hour?
- e.g. She eats them by the box.

the를 생략하면 감옥에 간다고?

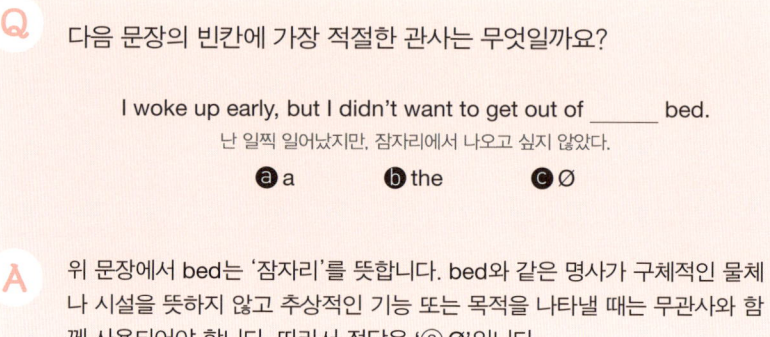

①에서 sleep 앞에 관사가 없는 이유는 sleep이 불가산명사이기 때문입니다.

① I usually go to Ø sleep at midnight.
나는 보통 자정에 잠자리에 든다.

그런데 ②에서는 왜 단수가산명사인 bed 앞에 관사가 없을까요?

② I usually go to Ø bed at midnight.

관사가 생략된 bed는 침대의 '추상적인 기능 또는 목적'을 뜻합니다. 침대의 기능은 잠자리이므로 go to bed가 go to sleep과 같은 뜻을 갖는 것이죠.

침대에서 자지 않고 앉아 있거나 누워 있다고 할 때는 모두 관사를 사용해야 합니다.

③-1　He was sitting on the bed, stuffing money into a duffel bag.
　　　(COCA:2017:FIC)
　　　그는 침대에 앉아 더플백에 돈을 쑤셔 넣고 있었다.

③-2　He is lying on the bed, staring at the ceiling, motionless.
　　　(COCA:2005:FIC)
　　　그는 침대에 누워 천장을 바라보며 꼼짝도 하지 않고 있다.

반면에 ④에서는 bed가 모두 잠자리를 뜻하므로 관사가 생략되었습니다.

④　I didn't want to get out of Ø bed, so I just stayed in Ø bed until noon.
　　잠자리에서 일어나기 싫어서 정오까지 잠자리에 계속 있었다.

⑤에서는 bed가 '아플 때 누워 있는 병상'의 뜻으로 사용되었고, 병상도 bed의 추상적인 기능 또는 목적을 나타내므로 관사가 생략되었습니다.

⑤-1　The man is still ill in Ø bed. (COCA:1990:ACAD)
　　　그 남자는 아직도 병상에 누워 있다.

⑤-2　My husband is still sick in Ø bed. (COCA:2006:FIC)
　　　내 남편은 아직도 병상에 누워 있다.

⑥에서도 prison 앞에 관사가 없을 때는 prison의 추상적인 기능 또는 목적인 '징역 또는 수감'을 뜻하고, 관사가 있을 때는 교도소 건물을 뜻합니다.

⑥-1　My cousin Bill went to Ø prison for shoplifting.
　　　내 사촌 빌은 물건을 훔쳐서 교도소에 갔다(= 수감되었다).

⑥-2　I went to the prison to visit him.
　　　나는 그를 면회하러 교도소에 갔다.

prison 앞에 있는 the를 생략하면 감옥에 갈 수 있으니 조심해야겠죠. 마찬가지로 jail, school, church 앞에서 관사가 생략되면 각각의 추상적인 기능 또는 목적을 나타냅니다.

⑦-1　He was in Ø jail for five days.　그는 구치소에 5일간 갇혀 있었다.

⑦-2　She goes to Ø school by subway.　그녀는 지하철로 학교에 (공부하러) 간다.

⑦-3　You shoudn't fall asleep at Ø church.　(예배 중에) 교회에서 잠들면 안 돼.

흥미로운 것은, 미국에는 주로 기독교인들이 많아서 이슬람 사원인 mosque 앞에는 정관사를 사용하는데, 이슬람교도들이 영어를 할 때는 관사를 생략한다고 하는군요.[17]

⑧　My brother went to Ø law school, and his wife went to Ø medical school.
　　내 동생은 로스쿨을 나왔고, 제수씨는 의대를 나왔다.

학교는 종류와 관계없이 무관사와 함께 사용됩니다. law school 또는 medical school 앞에 a를 쓰는 것은 영어 학습자가 범하는 흔한 오류입니다.

⑨-1　He went camping last summer.
　　그는 지난여름에 야영하러 갔다.

⑨-2　He went to Ø (summer) camp last summer.
　　그는 지난여름에 (여름) 캠프에 갔다.

⑨-1에서 camping은 '야영'을 뜻합니다. 하지만 ⑨-2에서는 camp가 school처럼 무관사와 함께 사용되어 '방학 동안에 특별 활동을 하는 캠프'라는 뜻으로 사용되었습니다. 마찬가지로 summer camp도 무관사와 함께 사용됩니다.

⑩　I went to the church to hear the organ every day before Ø school.
　　(COCA:2010:NEWS)
　　나는 매일 학교에 가기 전에 오르간 소리를 들으러 교회(건물)에 갔다.

church도 '예배'를 뜻할 때는 관사가 생략되지만, 건물 자체를 뜻할 때는 ⑩에서처럼 관사와 함께 사용됩니다. 문장 마지막의 school은 '수업'을 뜻하므로 관사가 생략되었습니다.

영국 영어에서는 ⑪에서처럼 hospital과 university 앞에서도 관사를 생략하여 각각의 추상적인 기능 또는 목적을 나타냅니다.

⑪-1 I went to Ø hospital for a routine checkup. 영국 영어
나는 정기 검진을 받으러 병원에 갔다.

⑪-2 He went to Ø university in England. 영국 영어
그는 영국에서 대학교에 다녔다.

이유는 알 수 없지만, 미국 영어에서는 hospital 앞에서 관사를 생략하지 않습니다. 추상적인 기능 또는 목적을 나타낼 때도 the hospital이라고 하죠. 그리고 대학은 보통 college라고 합니다.

⑫ Where did you go to Ø college? (COCA:2018:FIC)
대학은 어디 나왔어?

그런데 왜 관사를 생략하면 추상적인 기능 또는 목적의 뜻이 될까요? 명사 앞에 관사가 없으면 그 명사는 좀 더 추상적인 성격을 띠는 형용사같이 됩니다.

⑬ He turned Ø communist.[18]
그는 공산주의자가 되었다.

좋은 예로 ⑬에서처럼 동사 turn이 '~로 변화되다, 바뀌다'라는 뜻으로 사용되었을 때 명사 앞에서 관사가 생략됩니다. 관사가 생략된 명사가 추상적인 성격을 갖는 두 번째 예는 ⑭에서처럼 Ø lawyer가 to부정사와 함께 사용될 수는 있지만 동명사 Being과는 함께 사용될 수 없다는 것입니다.

⑭-1 To be Ø lawyer, architect, musician, and manager of his own electronics firm at 38 is an achievement.
38세에 변호사, 건축가, 음악가, 그리고 자신의 전자 회사 매니저가 된 것은 하나의 업적이다.

⑭-2 ?Being Ø lawyer, architect, musician, and manager of his own electronics firm at 38 is an achievement.[19]

〈Hamlet햄릿〉의 명대사 "To be or not to be, that is the question!죽느냐, 사느냐, 그것이 문제로다!"에서처럼 to부정사는 추상적이며 아직 발생하지 않은 상황에 사용됩니다. 반면에 동명사는 구체적이고 실체가 있는 느낌을 줍니다.

관사가 생략되어 추상적으로 바뀐 명사들이 to부정사와는 함께 사용될 수 있지만, 동명사와 함께 사용될 수 없는 이유도 to부정사는 추상적이고 비현실적인 느낌을 주기 때문입니다.

이 것 만 은   확 실 히 !

1 '추상적인 기능 또는 목적'을 나타낼 때는 관사를 생략한다.
   e.g. I usually go to Ø bed at midnight.
   He was in Ø jail for five days.
   She goes to Ø school by subway.
   You shouldn't fall asleep at Ø church.

2 관사를 사용하면 구체적인 물체나 시설을 가리킨다.
   e.g. He was just sitting on the bed.
   I went to the prison to visit him.
   I went to the church to hear the organ.

3 hospital과 university 앞에서 관사를 생략하는 것은 영국식 영어다.
   e.g. I went to Ø hospital for surgery.   영국 영어
       → the hospital   미국 영어
       He went to Ø university.   영국 영어
       → Ø college   미국 영어

4 관사가 생략된 명사는 좀 더 추상적인 성격을 띠는 형용사같이 된다.
   e.g. He turned Ø communist.

Lesson 31: 최상급에서 the를 생략할 수 있다고?

Q 다음 두 문장의 공통점은 무엇일까요?

ⓐ Athena ran the fastest.
아테나가 가장 빨리 달렸다.

ⓑ Athena was the fastest.
아테나가 가장 빨랐다.

A ⓐ에서처럼 최상급 부사 앞에 사용된 정관사는 생략할 수 있습니다. ⓑ는 최상급 형용사 뒤에 명사가 생략된 문장입니다. 이런 문장에서도 정관사를 생략할 수 있습니다. 따라서 두 문장의 공통점은 정관사를 생략할 수 있다는 것입니다.

최상급이 ①에서처럼 부사로 사용될 때는 일반적으로 정관사가 생략된다고 설명하는 문법책이 많은데[20] 꼭 그렇지는 않습니다.

① The nursemaids were those who ran <u>the fastest</u>. (COCA:2000:FIC)
  = Ø fastest

보모들은 가장 빨리 달린 사람들이었다.

COCA에서 동사 run과 함께 사용되는 부사형 최상급 the fastest와 Ø fastest를 검색한 결과는 다음과 같습니다. 표본이 아주 작지만 정관사가 사용된 예가 오히려 하나 더 많습니다. (물론 ran the fastest marathon에서처럼 최상급 형용사를 포함한 예는 모두 제외하였습니다.)

〈최상급 부사 앞 정관사 사용 빈도수〉

	the fastest	Ø fastest
run	12	7
ran	2	2
runs	0	5
running	2	1
합계	16	15

그리고 정관사의 생략은 최상급 부사에 국한되지 않습니다.

②-1 It seemed Ø easiest to stay downtown for the night.
(COCA:2002:FIC)
시내에서 밤을 보내는 것이 가장 쉬워 보였다.

최상급 형용사도 ②-1에서처럼 연결 동사(또는 불완전 자동사) 뒤에서 보어로 사용되었을 때는 정관사의 생략이 가능합니다. 물론 ②-2에서처럼 정관사를 생략하지 않을 수도 있습니다.

②-2 It seems the easiest and preserves the patient-doctor relationship. (COCA:1995:MAG)
그것이 가장 쉬워 보이고 의사-환자 관계도 유지해 준다.

아래는 동사 seem 뒤에 (the) easiest가 단독으로 사용된(= seemed the easiest way 처럼 명사 앞에 사용되지 않은) 빈도수를 표로 정리한 것입니다. 물론 표본은 작지만, 형용사임에도 불구하고 정관사가 생략된 횟수가 더 많다는 것은 흥미로운 결과입니다.

⟨최상급 형용사 앞 정관사 사용 빈도수⟩

	the easiest	Ø easiest
seem	0	3
seemed	2	5
seems	4	8
합계	6	16

②-1과 ②-2에서는 정관사의 생략이 의미에 영향을 미치지 않습니다. 하지만 ③-1과 ③-2는 의미가 다릅니다.

③-1 This pool is Ø deepest here.
이 수영장은 여기가 가장 깊다.

③-2 This pool is the deepest here.
이 수영장이 여기에서 가장 깊은 수영장이다.

'한 수영장 안에서 가장 깊은 곳'을 말할 때는 ③-1에서처럼 관사를 생략해야 합니다. ③-2에서는 the deepest 뒤에 pool 또는 one이 생략된 것이므로 '다른 수영장과 비교하여 가장 깊은 수영장'이라는 뜻입니다.

④ She's over 170cm when she's Ø tallest in the morning.
*the tallest
그녀는 아침에 키가 가장 클 때 170cm가 넘는다.

④에서 the tallest가 불가능한 이유도 비교 대상이 같기 때문입니다. (누구든 취침 전과 후의 키가 다릅니다.)

최상급 형용사가 뒤에서 꾸밈을 받을 때는 정관사를 생략할 수 없습니다.[21]

⑤ The hypothetical future virtual home-shopping world seems <u>the easiest of all future virtual worlds</u> to envision. (COCA:1997:ACAD)
*Øeasiest of all future virtual worlds
가상의 미래 홈쇼핑 세계는 <u>모든 미래 가상 세계 중에서 가장 쉽게 상상할 수 있는 것처럼</u> 보인다.

⑤에서 the easiest는 of all future virtual worlds의 꾸밈을 받고 있으므로 정관사를 생략할 수 없습니다. ②-1에서도 Ø easiest가 to stay downtown for the night의 꾸밈을 받는 것처럼 보이지만, 사실 to stay downtown for the night은 이 문장의 진주어이고 It은 가주어입니다.

이 것 만 은 확 실 히 !

1 최상급 부사의 정관사는 생략할 수 있다.
   e.g. Athena ran (the) fastest.

2 연결 동사 뒤에 명사 없이 사용된 최상급 형용사의 정관사는 생략할 수 있다.
   e.g. It seemed (the) easiest to stay downtown for the night.

3 비교 대상이 같을 때는 정관사를 생략해야 한다.
   e.g. She's over 170cm when she's Ø tallest in the morning.
                                    *the tallest

4 뒤에서 꾸밈을 받는 최상급 형용사의 정관사는 생략할 수 없다.
   e.g. That seems the easiest of all future virtual worlds to envision.
                    *Ø easiest

Lesson 32) the를 비교급에도 쓴다고?

Q 다음 중 생략할 수 있는 정관사를 포함하는 문장은 무엇일까요?

ⓐ She liked me the better for it.
그녀는 그 일로 인해 나를 더 좋아했다.

ⓑ He seemed none the worse for wear.
그는 전혀 더 나빠 보이지 않았다.

A 위 두 문장은 비교급과 정관사가 함께 사용된 특이한 경우입니다. 두 문장 모두 the는 특별한 의미 없이 강조의 뜻으로 사용되었고, 이런 정관사는 생략할 수 있습니다. 하지만 none the worse for wear에서는 none the가 숙어이므로 the를 생략할 수 없습니다. 따라서 정답은 ⓐ입니다.

정관사는 원래 비교급과 함께 사용되지 않지만 ①에서처럼 of the two와 함께 사용된 비교급 앞에서는 the가 사용됩니다.

① Jaden is the younger of the two (children).
제이든이 둘 중에 더 어린 사람(아이)이다.

뒤에서 꾸밈을 받는 최상급 형용사 앞에는 the가 꼭 사용되어야 하는 것과 같은 이치죠.

다음은 유명한 이솝우화Aesop's Fables 중 하나인 〈해님과 바람The North Wind and the Sun〉의 첫 문장과 마지막 문장입니다.[22] 마지막 문장에는 the stronger가 of the two와 함께 사용되었지만, 첫 문장에서는 단독으로 사용되었습니다.

②-1 The North Wind and the Sun were disputing which was <u>the stronger</u>, when a traveler came along wrapped in a warm cloak.
한 여행자가 따뜻한 외투를 두르고 지나가고 있을 때, 북풍과 태양이 누가 <u>더 강한지</u> 다투고 있었다.

②-2 And so the North Wind was obliged to confess that the Sun was **the stronger of the two**.
그래서 북풍은 태양이 둘 중 더 강하다는 것을 인정할 수밖에 없었다.

①과 ②-1에서 비교급 앞에 the가 사용된 이유는 각각 younger와 stronger 뒤에 one이 생략되었기 때문이라고 할 수 있습니다.

③-1 I liked him <u>the better for it</u>. (COCA:2019:FIC)
나는 <u>그 일로 인해</u> 그를 <u>더 좋아했다</u>.

그런데 ③-1에서처럼 one이 생략되지 않은 곳에서도 the와 비교급이 함께 쓰일 수도 있습니다. the better for it에서 the는 별 의미 없이 강조를 위해 사용된 것입니다.[23] 이럴 때는 ③-2에서처럼 the를 생략할 수 있습니다.

③-2 Well, sit down and eat. You'll feel ∅ **better for it**. (COCA:2010:FIC)
자, 앉아서 드세요. 그러면 기분이 나아질 거예요.

의미 없이 강조를 위해 비교급과 사용된 the는 ③-3에서처럼 all과 함께 자주 사용됩니다. (none the worse는 ④에서 논의합니다.)

③-3 If I succeed, you'll be **all the better for it**. If I don't, you'll be **none the worse**. (COCA:2010:FIC)
내가 성공하면 너에게 그 일로 인해 더 좋을 거고, 실패하더라도 너는 <u>조금도 나빠지지 않을</u> 거야.

아래는 COCA에서 better for it이 무관사, 정관사 또는 all the와 함께 사용되는 빈도수를 표로 정리한 것입니다.

⟨(all) (the) better for it의 빈도수⟩

	Ø	the	all the	합계
better for it	299	85	43	427

강조를 위해 사용된 정관사는 all과 함께 사용된 횟수를 합쳐 128회밖에 되지 않으므로 무관사와 사용되는 횟수가 2배 이상이 넘는다는 것을 알 수 있습니다.

none the는 worse, better 등의 형용사와 함께 사용되어 어떤 사람이나 사물이 이전보다 전혀 더 나쁘거나 좋아지지 않았음을 나타내는 표현입니다.[24] none the worse는 COCA에서 108회가 검색되는데, 그중 99개의 예가 for와 함께 사용되었습니다.

④-1 He was strictly nonvegetarian and <u>none the worse for it</u>.
(COCA:NEWS:1991)
그는 엄격한 비채식주의자였지만, 그렇다고 해서 전혀 더 나쁠 건 없었다.

for와 함께 사용된 99개 중 54개는 none the worse for wear입니다. 이 표현에서 wear는 '사용, 소모'라는 뜻입니다.

④-2 She seemed <u>none the worse for wear</u>, despite her ruined clothing. (COCA:2012:FIC)
그녀의 옷이 망가졌음에도 불구하고 그녀는 전혀 더 나빠 보이지 않았습니다.

(the) worse for wear는 '무언가를 하거나 경험한 후에 더 안 좋은 상태가 된 in worse condition after doing or experiencing something'이라는 뜻인데, 정관사는 생략할 수 있습니다.[25]

⑤-1 The more I knew, the more I sold. I was good at my job. (COCA:2019:FIC)
             절   절
나는 알면 알수록 더 많이 팔았다. 나는 내 일에 능숙했다.

'다다익선多多益善'을 영어로는 the more the merrier라고 합니다. 이렇게 'the+비교급'이 나란히 사용되면 '더 ~할수록 더 ~하다'라는 뜻이 됩니다. 'the+비교급' 뒤에는 ⑤-1에서처럼 절이 나올 수도 있습니다.

⑤-2 "The sooner I'm out of here, the better," he thought. (COCA:2019:FIC)
                   절
"여기서 빨리 나갈수록 더 좋지."라고 그는 생각했다.

두 번째 절에서는 ⑤-2처럼 주어와 동사가 생략될 수도 있습니다.

⑤-3 The more general the domain, the more general, selective and
                             주어
tentative are the statements about its style.[26]
              주어 · 동사 도치
영역이 일반적일수록, 그 스타일에 대한 진술도 그만큼 더 일반적이고 선별적이며 잠정적입니다.

또한 ⑤-3의 첫 번째 절에서처럼 동사만 생략될 수도 있고, 두 번째 절에서처럼 주어가 길면 동사와 도치가 될 수도 있습니다.

'the+비교급'에 사용된 the는 특정한 것을 지칭하지 않으므로 정관사가 아니고 '정도 부사degree adverb'라고 할 수 있습니다.[27] 그리고 ③와 ④에 사용된 the도 강조를 위해 사용되었으니 부사라고 할 수 있습니다.

심지어는 'the+비교급, the+비교급'의 첫 번째 the는 '관계부사', 두 번째 the는 '지시부사'라고 설명하는 학자도 있습니다.[28] 하지만 the가 정관사인지 부사인지는 중요하지 않습니다. the를 제대로 사용할 줄 아는 것이 더 중요하죠.

이 것 만 은 확 실 히 !

1 of the two와 함께 사용된 비교급 앞에는 the를 사용한다.
　e.g. Jaden is the younger of the two (children).

2 the better for it에서 the는 강조를 위해 사용되었으므로 생략할 수 있다.
　e.g. You'll feel (the) better for it.

3 (the) worse for wear에서 the는 생략할 수 있지만, none the worse for wear의 the는 생략할 수 없다.
　e.g. She seemed none the worse for wear, despite her ruined clothing.

4 'the+비교급, the+비교급'은 '더 ~할수록 더 ~하다'란 뜻이다.
　e.g. The more I knew, the more I sold.

Lesson 33) 운동 앞에는 정관사를 안 쓰는데 왜 악기 앞에는 쓰지?

Q 아래 문장의 빈칸에 들어갈 가장 부적합한 관사는 무엇일까요?

He plays _____ guitar every day.
그는 기타를 매일 쳐.

ⓐ 부정관사   ⓑ 정관사   ⓒ 무관사

A 악기를 연습 또는 연주한다는 뜻의 문장에서는 악기명 앞에 the를 사용하는 것이 원칙입니다. 그런데 guitar와 같은 대중음악 악기 앞에는 관사를 사용하지 않는 경우가 많습니다. 하지만 어떤 악기라도 연습 또는 연주한다는 뜻의 문장에 a(n)를 사용하는 경우는 거의 없습니다. 따라서, 정답은 'ⓐ 부정관사'입니다.

설명하기 어려운 관사의 용법 중 하나는 운동 앞에는 무관사를 사용하고 악기 앞에는 정관사를 사용한다는 것입니다.

① She plays Ø tennis every day, and he plays the guitar every day.
그녀는 매일 테니스를 치고, 그는 매일 기타를 매일 쳐.

운동 이름 앞에 무관사를 사용하는 이유는 soccer, tennis, golf, basketball과 같은 모든 운동이 추상명사이기 때문입니다. 반면, 악기 앞에 정관사를 사용하는 이유는 악기를 총칭해서 가리키기 위해서입니다.[29]

그런데 ②처럼 밴드를 소개할 때는 악기 앞에 관사를 사용하지 않습니다.

② Joy Division was Peter Hook on Ø bass, Bernard Sumner on Ø guitar, Stephen Morris on Ø drums and Ian Curtis on Ø vocals. (COCA:2019:NEWS)
조이 디비전은 피터 후크가 베이스, 버나드 섬너가 기타, 스티븐 모리스가 드럼, 이언 커티스가 보컬을 맡은 밴드이다.

따라서, ①에서는 왜 악기 앞에 정관사의 총칭적 용법을 사용해야하는지 불분명합니다. 운동처럼 악기 앞에 무관사를 사용해서 추상명사로 사용하면 안 될까요? 그래도 됩니다. 요즘에는 ③과 같은 문장을 흔히 접할 수 있습니다.

③ He plays Ø guitar in a disco band. (COCA:2018:MAG)
그는 디스코 밴드에서 기타를 연주해.

아래는 COCA에서 각종 악기가 동사 plays 뒤에서 정관사 또는 무관사와 함께 사용되는 빈도수를 표로 정리한 것입니다. (악기가 부정관사와 사용되는 예는 극히 드뭅니다. 'plays a piano'는 2회, 'plays a guitar'는 6회가 검색됩니다.)

〈'plays the' 악기 vs. 'plays Ø' 악기〉

클래식 음악 악기			대중음악 악기		
	the	Ø		the	Ø
piano	116	101	guitar	50	70
violin	38	26	bass	11	53
viola	6	6	drums	27	44
cello	14	6	keyboard	1	4
organ	11	8	harmonica	8	4
합계	185	147	합계	97	175

흥미로운 것은 클래식 음악 악기 앞에서는 정관사가 쓰이는 빈도수가 더 높고, 대중음악 악기 앞에서는 무관사가 쓰이는 빈도수가 더 높다는 것입니다. (대중음악 악기 중에는 하모니카와만 정관사가 더 많이 사용되었습니다.)

악기처럼 정관사 또는 무관사와 함께 사용될 수 있는 다른 명사는 TV와 radio가 있습니다.

④ I want to be <u>on Ø TV</u>, <u>on Ø radio</u>, in all the big magazines.
(COCA:2000:FIC)
나는 <u>TV</u>, <u>라디오</u>, 모든 대형 잡지에 나오고 싶다.

④에서는 TV와 radio 앞에 무관사가 사용되었습니다. 악기가 on 다음에 무관사와 함께 사용되는 것과 비슷하죠.

⑤-1 A soap opera is playing <u>on the TV</u>. (COCA:2003:FIC)
<u>TV에서</u> 연속극이 방영되고 있다.

⑤-2 Loud music was playing <u>on the radio</u>. (COCA:2003:FIC)
<u>라디오에서는</u> 시끄러운 음악이 흘러나왔다.

TV와 radio는 ⑤에서처럼 정관사와도 함께 사용될 수도 있습니다. in the mail, on the phone처럼 통신 수단 앞에 정관사를 사용하는 용법과 같습니다. 그런데 사실 저는 on TV, on the radio라고 하지 on the TV, on radio라고는 하지 않습니다. 그래서 궁금해졌습니다. "어떤 표현의 사용 빈도수가 높을까?"

COCA에서 on the TV를 검색하면 16,722회가 검색되는데 이 중에는 on the TV show/monitor/program과 같은 표현이 포함되어 있습니다. 따라서 saw it on (the) TV와 watched it on (the) TV를 검색하여 아래와 같이 표로 정리하였습니다. TV와 television을 모두 검색하였고 각각의 빈도수를 / 표시 앞뒤에 적었습니다.

⟨TV 앞 관사의 빈도수⟩

	on Ø TV/television	on the TV/television
saw it	103/36	4/3
watched it	38/19	2/0
합계	196	9

on the radio도 마찬가지로 on the radio button/program/frequency와 같은 표현이 함께 검색되므로, heard it on (the) radio와 listened to it on (the) radio를 검색한 결과를 아래와 같이 표로 정리하였습니다.

⟨radio 앞 관사의 빈도수⟩

	on Ø radio	on the radio
heard it	6	93
listened to it	1	9
합계	7	102

결과는 저의 예상대로 on Ø TV와 on the radio가 각각 on the TV와 on Ø radio보다 압도적으로 많았습니다. 그런데 왜 TV와 radio의 쓰임이 각각 다를까요?

TV와 radio 앞에 정관사를 사용하는 것이 통신 수단 앞에 정관사를 사용하는 용법과 같다면 on the TV와 on the radio로 사용되는 것이 맞겠죠. 하지만 on the radio와 달리 on the TV는 ⑥에서처럼 'TV 위에'라는 뜻으로도 사용됩니다.

⑥ Don't put your phone on the TV.
   휴대 전화를 TV 위에 두지 마세요.

on the TV가 'TV 위에'라는 뜻으로 사용되는 이유는 예전 TV는 보관장 cabinet 안에 있는 경우가 많아서 TV 위에 사진이나 꽃병 등을 올려놓았기 때문입니다. on the TV가 사물을 지칭하는 표현으로 자주 사용되었으므로 혼돈을 피하려고 통신 수단의 뜻으로 on Ø TV라는 표현을 쓰기 시작한 것 같습니다.

opera, ballet, theater를 예술의 한 종류로 지칭할 때는 무관사를 사용하는 것처럼 television도 예술 또는 산업의 한 종류로 지칭할 때는 무관사를 사용합니다.

⑦-1 What she wanted to do was work in Ø television or film or magazines. (COCA:2013:FIC)
   그녀가 하고 싶었던 일은 방송 업계나 영화 또는 잡지 업계에서 일하는 것이었다.

흥미로운 것은 television 또는 film과 달리 magazines는 복수형이라는 것입니다. magazine은 예술을 지칭하는 추상명사로 사용되지 않는다는 것이죠. television이 industry와 함께 사용될 때는 정관사를 사용합니다.

⑦-2 Michelle Freeman, 32, left an unsatisfying production job in the television industry. (COCA:2010:MAG)
   32세의 미셸 프리먼은 방송 업계에서 만족스럽지 못한 제작 일을 그만두었다.

물론 radio도 television과 동일하게 사용됩니다. ⑧-1에서는 예술 또는 산업의 한 종류를 지칭하므로 무관사와 사용되었고 ⑧-2에서는 industry와 함께 사용되어서 정관사가 사용되었습니다.

⑧-1 He didn't want me to work in Ø radio again. (COCA:2013:NEWS)
   그는 내가 다시 라디오 업계에서 일하는 것을 원하지 않았다.

⑧-2 Bob Lowry retired from high-pressure work in the radio industry in 2001. (COCA:2014:MAG)
밥 로리는 2001년에 스트레스가 많은 라디오 업계 일을 은퇴했다.

이 것 만 은 확 실 히 !

1 악기 앞에는 총칭적 의미의 정관사를 사용하는 것이 원칙이다.
   e.g. He plays the guitar every day.

2 밴드를 소개할 때는 악기 앞에 관사를 사용하지 않는다.
   e.g. Peter on Ø bass, Bernard on Ø guitar, Stephen on Ø drums and Ian on Ø vocals

3 클래식 음악 악기 앞에서는 정관사가 쓰이는 빈도수가 더 높고, 대중음악 악기 앞에서는 무관사가 쓰이는 빈도수가 더 높다.

4 on TV와 on the radio가 각각 on the TV와 on radio보다 사용 빈도수가 높다.

5 on the TV는 'TV 위에'라는 뜻으로도 사용된다.
   e.g. Don't put your phone on the TV.

6 television, radio를 예술 또는 산업의 한 종류로 지칭할 때는 무관사를 사용한다.
   e.g. She wanted to work in Ø television or film or magazines.

Lesson 34

the flu는 influenza와 같은 건데 왜 정관사를 붙이지?

Q 아래 문장의 빈칸에 들어갈 가장 부적합한 관사는 무엇일까요?

I don't want you to catch _____ cold.
나는 네가 감기에 걸리는 것을 원치 않아.

ⓐ 부정관사   ⓑ 정관사   ⓒ 무관사

A cold(감기)는 주로 부정관사와 함께 사용되는데 동사 catch 뒤에서는 무관사와도 함께 사용될 수 있습니다. 따라서 정답은 'ⓑ 정관사'입니다.

병명은 보통 불가산명사로 취급되므로 influenza독감처럼 무관사를 사용하는 것이 원칙입니다.[30] 흔히 접하는 병명 중 cancer암, herpes단순 포진, anemia빈혈, diabetes당뇨병, malaria말라리아, pneumonia폐렴, tuberculosis결핵가 모두 무관사와 함께 사용됩니다. 그런데 비슷한 병명인데 관사의 쓰임이 다른 경우가 있습니다.

① You have ∅ influenza / the flu / a cold.
  너는 독감 / 독감 / 감기에 걸렸어.

flu는 influenza를 줄인 단어입니다. 같은 단어인데 왜 influenza 앞에는 무관사를 사용하고 flu 앞에는 정관사를 사용하는지는 불분명합니다.

②는 미국 질병 통제 예방 센터Centers for Disease Control and Prevention의 공식 웹페이지에서 발췌한 문장인데, flu가 무관사와 함께 사용되었습니다.

② In general, Ø flu is worse than the common cold, and symptoms are more intense. Colds are usually milder than Ø flu.[31]
일반적으로 독감은 일반 감기보다 더 심하고, 증도도 더 강하게 나타난다. 감기는 보통 독감보다 가볍다.

공식적이거나 학술적인 문어체에서는 이렇게 flu가 무관사와 사용되는 경우가 종종 있습니다. flu는 influenza를 줄인 단어이니 동일하게 무관사를 사용하는 것이 논리적이죠. 하지만, 일상 대화에서 flu를 무관사와 함께 사용하는 경우는 극히 드뭅니다.

감기는 독감과 다르게 부정관사를 사용해서 a cold라고 하는데 동사 catch와 함께 쓰일 때는 무관사도 가능합니다.

③-1 You're going to catch Ø cold sitting here. (COCA:2014:FIC)
너 여기 앉아 있다가 감기 걸리겠어.

③-2 You'll catch a cold. (COCA:2019:FIC)
너 감기 걸리겠어.

COCA에서 catch Ø cold는 112회가 검색되고, catch a cold는 170회가 검색됩니다.

the common cold는 감기의 좀 더 격식 있는 표현입니다. 이 표현에서는 주로 정관사가 사용되는데, 부정관사도 가능합니다.

④ This isn't a common cold, Dad. It's cancer. (COCA:2018:TV)
아빠, 이건 일반 감기가 아니에요. 암이에요.

COCA에서 the common cold는 461회가 검색되고, a common cold는 51회가 검색됩니다.

a cold처럼 가벼운 병 또는 증상은 가산명사로 취급되므로 부정관사와 함께 사용됩니다.[32] a fever고열, a temperature열, a sore throat인후통, a runny nose콧물 등이 부정관사와 함께 사용되죠.

⑤ I have a runny nose and a sore throat.
　　나는 콧물이 나고 목이 아파.

어디가 아프다고 할 때는 headache두통, backache요통, stomachache복통, toothache치통, earache귀 통증처럼 ache의 합성어를 사용할 수 있습니다. 미국 영어에서는 ache 합성어가 모두 부정관사와 함께 사용됩니다. (영국 영어에서는 headache를 제외한 다른 모든 ache 합성어가 주로 무관사와 함께 사용됩니다.)[33]

⑥ She gets a stomachache whenever she is under pressure.
　　그녀는 압박을 받을 때마다 복통을 느낀다.

migraine편두통은 무관사와 함께 써도 가능하지만 주로 headache처럼 부정관사와 함께 사용됩니다. 한 가지 흥미로운 것은 diarrhea설사는 부정관사와 사용되지 않고 무관사와 사용된다는 것입니다. diarrhea는 가벼운 병이 아니라는 뜻이죠.

정관사와 함께 사용되는 병명은 많지 않습니다. the plague흑사병, the measles홍역, the chicken pox수두와 같이 몇 가지 잘 알려진 전염병에 정관사가 사용됩니다.[34] 하지만 이 병명들도 무관사와 함께 사용되기도 합니다. ⑦은 같은 작품에서 발췌한 예문인데 한 문장에서는 the chicken pox, 다른 문장에는 Ø chicken pox가 사용되었습니다.

⑦-1 A classmate of Jake's has the chicken pox. (COCA:2004:FIC)
　　제이크의 반 친구 중 한 명이 수두에 걸렸어.

⑦-2 If Jake gets Ø chicken pox, Maureen will babysit. (COCA:2004:FIC)
　　만약 제이크가 수두에 걸리면, 모린이 아이를 돌볼 거야.

아래는 무관사, 정관사, 부정관사와 함께 사용되는 병명의 예를 표로 정리한 것입니다.

〈병명과 관사〉

무관사 Ø	정관사 the	부정관사 a
influenza	flu	cold
cancer	plague	fever
pneumonia	measles	temperature
diabetes	chicken pox	headache
malaria	mumps	stomachache
anemia	common cold	
herpes		
tuberculosis		
leukemia		
diarrhea		

이것만은 확실히!

1 병명은 주로 불가산명사로 취급되므로 무관사를 사용하는 것이 원칙이다.
   e.g. You don't have Ø cancer.

2 가벼운 병 또는 증상은 가산명사로 취급되므로 부정관사와 함께 사용된다.
   e.g. I have a runny nose and a sore throat.

3 정관사와 함께 사용되는 병명은 몇 가지 잘 알려진 전염병인데, 이 병명들도 거의 모두 무관사와 함께 사용될 수 있다.
   e.g. A classmate of Jake's has (the) chicken pox.

Lesson 35) last week은 '지난주', the last week은 '지난 7일간'?

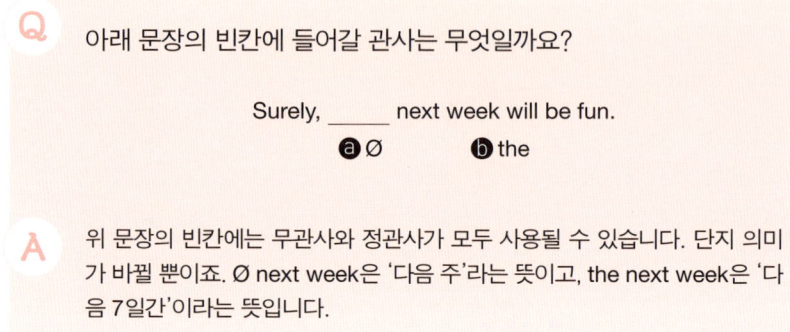

Q 아래 문장의 빈칸에 들어갈 관사는 무엇일까요?

Surely, _____ next week will be fun.
ⓐ Ø   ⓑ the

A 위 문장의 빈칸에는 무관사와 정관사가 모두 사용될 수 있습니다. 단지 의미가 바뀔 뿐이죠. Ø next week은 '다음 주'라는 뜻이고, the next week은 '다음 7일간'이라는 뜻입니다.

Lesson 16에서 배운 것처럼 next와 last는 뒤에 나오는 명사를 유일하게 해주므로 주로 정관사와 함께 사용됩니다.

①-1 I can't wait for the next episode.
다음 회가 너무 기대돼.

①-2 He just bought the last sandwich.
그는 방금 마지막 샌드위치를 샀어.

그런데 왜 ②에서는 관사가 생략되었을까요?

②-1 I'll be home Ø next week.
나는 다음 주에 집에 있을 거야.

②-2 I was in England Ø last year.
나는 작년에 영국에 있었어.

②에서 관사가 생략된 이유는 week와 year가 '시간을 나타내는 명사temporal noun'이기 때문입니다. 많은 문법책이 ③과 같이 next와 last가 시간 명사 앞에 사용되었을 때는 정관사를 사용하지 않는다고 설명합니다.

> ③ We do not use *the* with *next/last + week/month/year/summer/Monday*, etc., e.g. *I'm not working next week (not the next week)*.[35]
> '다음/지난+주/월/년/여름/월요일' 등과 the는 함께 사용하지 않는다. 예를 들어, '다음 주에는 일하지 않습니다('다음 7일간'이 아니고)'.

그런데 이런 설명은 반은 맞고 반은 틀립니다. 'next/last+시간 명사' 앞에도 정관사를 사용할 수 있기 때문입니다. 예를 들어, next week는 '다음 주'라는 뜻이지만 the next week는 '다음 7일간'을 뜻합니다. 따라서 next week 앞에 정관사가 없는 이유는 the를 쓰면 안 돼서가 아니고 의미가 바뀌기 때문입니다.

④는 2003년 8월 22일 금요일에 발행된 The Tech라는 미국 MIT 대학신문의 사설editorial에서 발췌한 문장입니다.

> ④ **The next week will be fun.**
> 다음 7일간은 재미있을 것이다.

금요일에 발행된 신문에서 '다음 7일간'이라고 하였으니 토요일과 일요일에 재밌는 파티가 많다는 뜻이겠죠.

다음은 'next/last+시간 명사'가 무관사 또는 정관사와 사용되었을 때의 의미 차이를 표로 정리한 것입니다.

⟨'(the) next/last＋시간 명사'의 의미⟩

next week	다음 주	the next week	다음 7일간
next month	다음 달	the next month	다음 30일간
next year	내년	the next year	다음 12개월간
last week	지난주	the last week	지난 7일간
last month	지난달	the last month	지난 30일간
last year	작년	the last year	지난 12개월간

week, month, year와는 달리 decade와 century는 항상 the last/next와 함께 사용하는 것이 원칙입니다.[36] 그러면, ⑤-1에서처럼 the last century 가 '지난 세기'를 뜻하는지 아니면 '지난 100년간'을 뜻하는지 명확하지 않게 됩니다. 문맥을 고려해서 뜻을 추론해야 하죠.

⑤-1 In the last century, vaccines dramatically lengthened lifespans by stopping diseases that killed or disabled millions, from smallpox to polio. (COCA:2009:NEWS)
지난 세기/지난 100년간에는 백신이 수백만 명의 사람을 죽이거나 장애로 만드는 천연두에서 소아마비에 이르는 질병을 막아 수명을 극적으로 연장하였다.

물론, 정관사를 생략하면 뜻이 명확해집니다. 그래서 'Ø last/next+decade /century'도 코퍼스 자료에서 종종 관찰됩니다.[37]

⑤-2 The current attitude is a switch from Ø last century, when much ceremony was forbidden by law. (COCA:1991:NEWS)
현재의 태도는 지난 세기와는 다른 것으로, 당시에는 많은 의식이 법으로 금지되어 있었다.

COCA의 NEWS 장르에서 last century를 검색하면 총 260회가 검색되는데, 그중 27회가 ⑤-2에서처럼 무관사와 함께 사용되었습니다.

summer, Monday처럼 시점을 나타내는 명사 앞에 Ø last/next 또는 the last/next가 사용되었을 때도 의미가 변합니다. 예를 들어, ⑥에서 Ø next Monday는 '지시적deictic 관점'에서 해석되고, the next Monday는 '비지시적non-deictic 관점'에서 해석됩니다.

⑥ Two weeks ago Frank said he would return (the) next Monday.[38]
2주 전 프랭크는 (그)다음 주 월요일에 돌아올 것이라고 말했다.

'지시적 관점'이란 현재 시점에서 본다는 뜻입니다. 따라서, Ø next Monday는 '다음 주 월요일'이라는 뜻이 됩니다. 반면에 '비지시적 관점'이란 현재가 아닌 다른 시점에서 본다는 뜻입니다. ⑥에서 현재가 아닌 다른 시점은 Two weeks ago이므로 the next Monday는 '(2주 전의) 그다음 주 월요일'이라는 뜻이 됩니다.

그럼 ⑦에서 the next week의 뜻은 '다음 7일간'일까요, 아니면 '그다음 주'일까요?

⑦ Often, they returned the next week with that same poem.
(COCA:2015:NEWS)
그들은 종종 그다음 주에 같은 시를 가지고 돌아왔다.

'다음 7일간' 돌아올 수는 없으므로 ⑦에서 the next week은 비지시적 관점인 '그다음 주'라는 뜻입니다. next와 달리 last는 비지시적 관점에서 previous로 바뀝니다.[39]

⑧ She said he could barely move the previous week, much less sit up on his own. (COCA:2010:MAG)
그녀는 그가 전주에 거의 움직이지도 못했고, 혼자서 앉는 것은 더더욱 힘들었다고 말했다.

the last week은 '지난 7일간' 또는 '마지막 주'라는 뜻으로만 사용되고 비지시적 관점의 뜻으로는 사용되지 않습니다. 비지시적 관점은 ⑦과 ⑧에서처럼

183

과거 상황뿐만이 아니라 ⑨에서처럼 시간과 관계없는 상황timeless context에서도 사용됩니다.[40]

⑨ Every year the waves are much stronger than the previous year.
(COCA:2019:MAG)
매년, 파도가 전년도보다 훨씬 더 거세다.

2025년 5월 5일 기준으로 구글 번역기는 ⑨를 '매년 파도가 작년보다 훨씬 강해집니다'라고 해석하는데, 이건 틀린 해석입니다. '작년'은 지시적 관점에서 사용되는 '올해의 바로 앞의 해'라는 뜻이므로 Ø last year와 뜻이 같습니다.

다른 시간 명사와 달리 time은 ⑩에서처럼 뜻의 변화 없이 (the) last/next와 결합합니다.

⑩-1 (The) last time I checked, he was still working on his dissertation.
내가 마지막으로 확인했을 때, 그는 아직 논문을 쓰고 있었다.

⑩-2 (The) next time we meet, we will go out for an ice cream.
다음에 만날 때는 아이스크림을 먹으러 나가자.

유독 (the) last/next time에서만 관사의 유무가 의미를 바꾸지 않는 이유는 time이 시간 명사도 아니고 비시간 명사도 아닌 '유사 시간 명사quasi-temporal noun'이기 때문입니다.[41] 모든 시간 명사는 time이라는 개념을 갖고 있지만, time이 특정한 시간을 나타내지는 않죠.

공간의 기본 개념을 나타내는 명사 place도 time과 비슷한 점이 있습니다. 특정한 장소를 지칭하지 않는 place는 특정한 장소를 뜻하는 house, apartment 등과 다르게 사용됩니다.[42]

⑪ I need a place/*house/*apartment to live.
→ I need a house to live in.
→ I need an apartment to live in.
나는 살 곳/집/아파트가 필요해.

특정한 장소를 뜻하는 house와 apartment은 ⑪에서 전치사 in이 꼭 필요합니다. 하지만 불특정한 장소를 뜻하는 place는 in이 필요하지 않죠. 불특정한 시간을 뜻하는 time이 특정한 시간을 뜻하는 week, Monday 등과 다르게 행동하는 것과 마찬가지입니다.

이 것 만 은 확 실 히 !

1 시간 명사의 의미는 아래 표와 같이 관점과 관사의 용법에 따라 변한다.

〈관점에 따른 '(the) next/last+시간 명사'의 의미〉[43]

현재 관점				현재가 아닌 관점	
Ø next week	다음 주	the next week	다음 7일간	the next week	그다음 주
Ø next month	다음 달	the next month	다음 30일간	the next month	그다음 달
Ø next year	내년	the next year	다음 12개월간	the next year	그다음 해
Ø last week	지난주	the last week	지난 7일간	the previous week	그 전주
Ø last month	지난달	the last month	지난 30일간	the previous month	그 전달
Ø last year	작년	the last year	지난 12개월간	the previous year	그 전해

2 decade와 century는 뜻과 관계없이 항상 the last/next와 함께 사용되는 것이 원칙이다.

 e.g. In the last century, vaccines dramatically lengthened lifespans.

3 명사 time이 last/next와 결합할 때는 뜻의 변화 없이 정관사와 무관사가 혼용된다.

 e.g. (The) next time we meet, we will go out for an ice cream.

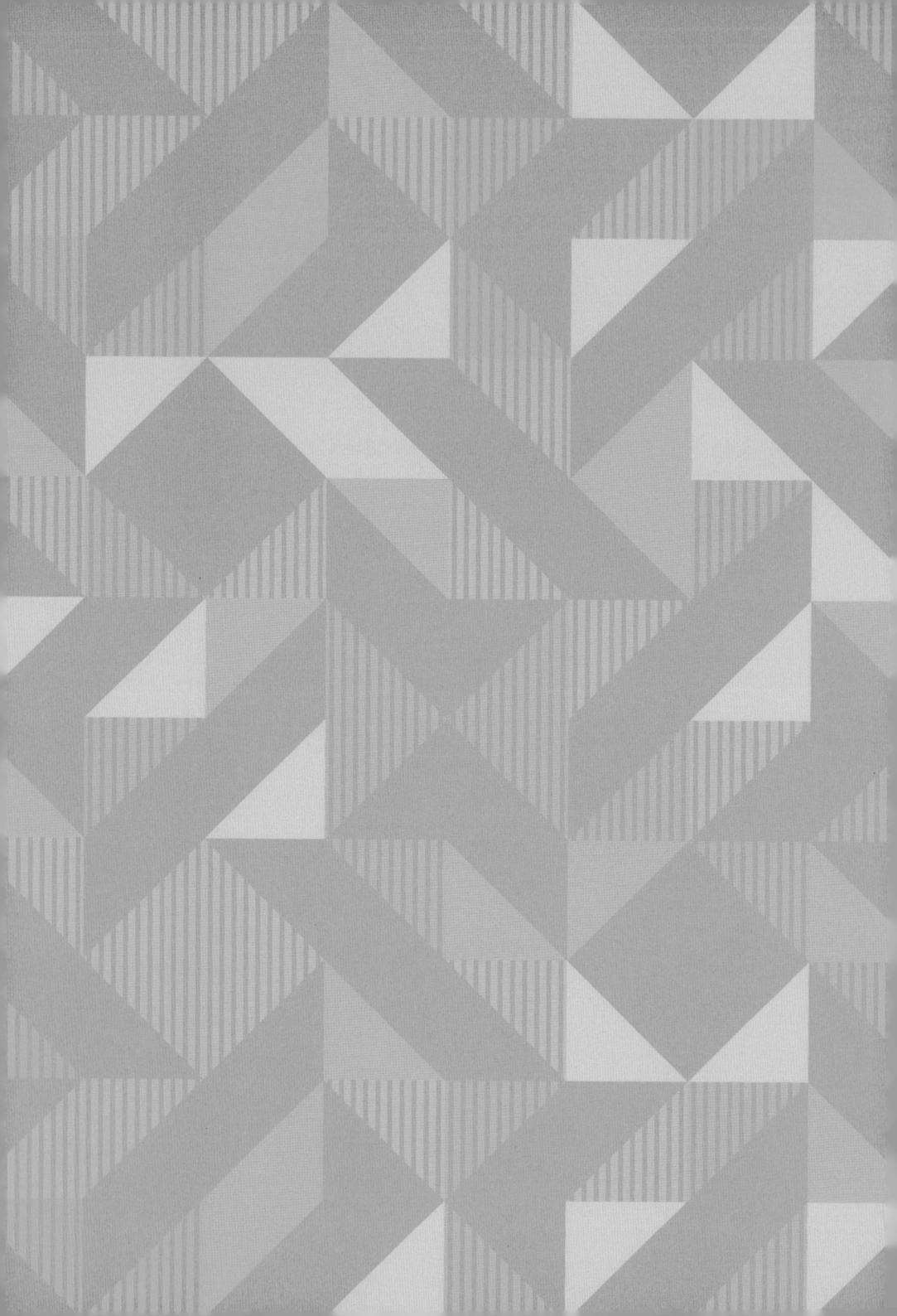

고유명사와 관사

Article Use with Proper Nouns

'필리핀'은 왜 the Philippines일까?

Q 아래 문장의 빈칸에 들어갈 적절한 동사는 무엇일까요?

The Philippines _____ home to some of the world's wealthiest people. (COCA:1990:NEWS)
필리핀은 세계에서 가장 부유한 사람 중 일부가 사는 곳이다.

ⓐ is　　ⓑ are

A 대다수의 국가명은 Korea, Italy, Kenya처럼 단수형 고유명사입니다. 그런데 필리핀의 영어 명칭은 복수형인 Philippines라서 정관사와 함께 사용됩니다. 1542년에 한 스페인 탐험가가 동남아시아에 있는 섬들을 발견하고 훗날 필리페 2세(Philip II)가 되는 스페인의 왕자 이름을 따서 Las Islas Filipinas(필리페의 섬들)로 지은 섬들이 필리핀이라는 국가가 된 것입니다.[1] 사전에서 Philippines를 찾으면 복수형 동사와 함께 사용된다고 나오기도 하는데 '필리핀 제도(諸島)'를 뜻하지 않고 '필리핀 공화국'을 지칭할 때는 단수형 동사와 함께 사용됩니다. 따라서 위 문장에 적합한 동사는 'ⓐ is'입니다.

단수 고유명사 앞에는 관사를 사용하지 않지만, 복수 고유명사 앞에는 정관사를 사용해야 합니다.

① The Avengers are a team of superheroes, including Ø Iron Man, Ø Captain America, and Ø Black Widow.
어벤져스는 아이언맨, 캡틴 아메리카, 블랙 위도우를 포함한 슈퍼히어로 팀이다.

미국의 공식 명칭인 the United States of America에도 States가 복수명사이므로 정관사가 붙습니다. 그런데 ②에는 복수형 명사가 없는데, 왜 정관사가 사용되었을까요?

②-1 *Avengers: Age of Ultron* was filmed in the Republic of Korea in 2014.
〈어벤져스: 에이지 오브 울트론〉은 2014년에 대한민국에서 촬영되었다.

②-2 Vision talks like someone from the United Kingdom.
비전은 영국 사람처럼 말한다.

the Republic of Korea와 the United Kingdom에 정관사가 붙은 이유는 보통명사인 republic공화국과 kingdom왕국이 포함되어 있기 때문입니다. 복수형 고유명사와 더불어 보통명사가 포함된 국가명 앞에는 정관사를 붙이는 것이 원칙입니다. 아래는 정관사를 취하는 국가명을 표로 정리한 것입니다.

〈정관사를 취하는 국가명〉

복수형 국가명	보통명사가 포함된 국가명
the United States of America 미국	the (former) Soviet Union 소련
the United Arab Emirates 아랍 에미리트 연방	the Russian Federation 러시아
the Netherlands 네덜란드	the Dominican Republic 도미니카 공화국
the Philippines 필리핀	the Republic of Korea 한국
the Maldives 몰디브	the United Kingdom 영국

the United States of America는 약자를 사용할 때도 정관사를 사용해야 합니다.

③ Natasha was a Russian spy but later defected to the U.S.
나타샤는 러시아 스파이였지만, 나중에 미국으로 망명했다.

그런데 왜 ④에는 정관사가 없을까요?

④-1 They knew they could never become Ø U.S. citizens.
(COCA:2017:NEWS)
그들은 절대 미국 시민이 될 수 없다는 것을 알고 있었다.

④-2 Demand for beef among Ø U.S. consumers continues to grow.
(COCA:2019:NEWS)
미국 소비자들 사이에서 소고기에 대한 수요는 계속해서 증가하고 있다.

④에서 정관사가 생략된 이유는 U.S.가 citizens와 consumer를 꾸며 주는 형용사로 사용되었기 때문입니다. ⑤에서 Thames 앞에 정관사가 생략된 이유도 Thames가 water를 꾸며 주는 형용사로 사용되었기 때문입니다. (강 이름 앞에는 원래 정관사를 붙여야 합니다.)

⑤ Water wheels were pumping Ø Thames water to the City.[2]
물레바퀴가 템스강의 물을 런던으로 퍼 올렸다.

반면에, ⑥에서 the는 U.S.를 한정하지 않고 government를 한정합니다. U.S.의 government는 유일하므로 정관사가 사용된 것입니다.

⑥ I think the U.S. government will help find a solution. (COCA:2014:NEWS)
나는 미국 정부가 해결책을 찾는 데 도움을 줄 것으로 생각한다.

그럼 ⑦에서는 왜 부정관사가 사용되었을까요?

⑦ In the Philippines, a bomb exploded near a U.S. government library. (COCA:1991:NEWS)
필리핀에서 미국 정부 도서관 근처에서 폭탄이 터졌다.

the U.S. government도 형용사로 사용될 때는 the가 생략됩니다. library는 불특정한 단수가산명사이므로 부정관사가 필요해서 a U.S. government library가 된 것입니다. the U.S. government가 불특정한 단수가산명사를 꾸며 줄 때는 모두 부정관사와 함께 사용됩니다.

⑧ Nick Fury is a U.S. government agent because S.H.I.E.L.D. is a U.S. government agency.
닉 퓨리는 미국 정부 요원이다. 왜냐하면 쉴드는 미국 정부 기관이기 때문이다.

이 것 만 은   확 실 히 !

1 복수 고유명사 앞에는 정관사를 사용한다.
  e.g. The Avengers are a team of superheroes.

2 보통명사가 포함된 국가의 명칭 앞에는 정관사를 사용한다.
  e.g. Vision talks like someone from the United Kingdom.

3 정관사가 붙은 표현이 형용사로 사용될 때는 정관사를 생략한다.
  e.g. They could never become Ø U.S. citizens.

Lesson 37. NATO에는 정관사가 없는데 왜 the WHO에는 있지?

Q 다음은 미국의 유명한 공공기관의 약자입니다. 이중 정관사와 함께 사용되지 않는 것은 무엇일까요?

       ⓐ CIA   ⓑ FBI   ⓒ NASA

A 위 세 약자의 공식 명칭(the Central Intelligence Agency, the Federal Bureau of Investigation, the National Aeronautics and Space Administration)이 문장에 사용될 때는 모두 정관사가 붙습니다. 미국의 약자인 the U.S.에도 정관사가 사용되므로, 위 세 약자에도 정관사를 사용하는 것이 정석이겠죠. 그런데 'ⓒ NASA' 앞에는 정관사를 사용하지 않습니다. CIA, FBI와 달리 NASA는 한 단어처럼 /ˈnæsə/로 발음하기 때문입니다.

고유명사 앞에는 정관사를 쓰지 않는 것이 기본입니다. 하지만 고유명사가 어떤 형태인지와 무엇을 지칭하느냐에 따라 정관사의 용법은 천차만별입니다. 아래는 고유명사 앞에서 쓰이는 정관사의 용법을 표로 정리한 것입니다.

〈고유명사 앞에서 정관사의 용법〉

여덟 가지 규칙	예
복수 고유명사 앞에는 정관사를 사용한다.	the Netherlands
보통명사가 포함된 고유명사 앞에는 정관사를 사용한다.	the United Kingdom
보통명사가 생략되었을 때도 정관사를 사용한다.	the Pacific (Ocean)

공공기관의 약자를 한 단어로 읽을 때는 무관사를 사용한다.	Ø NASA vs. the WHO
형용사가 인명을 꾸며 줄 때는 주로 정관사를 사용한다.	the Reverend Martin Luther King Jr.
형용사가 지명을 꾸며 줄 때는 주로 무관사를 사용한다.	Ø modern Korea
친숙한 고유명사 앞에는 정관사를 생략한다.	the Batman → Ø Batman
형태가 분명한 지형 관련 고유명사 앞에는 무관사를 사용한다.	Ø Mount Halla, Ø Lake Tahoe

첫 번째와 두 번째 규칙은 Lesson 36에서 이미 논의하였습니다. 세 번째 규칙인 보통명사가 생략되었을 경우 정관사를 사용하는 이유는 보통명사가 없어지면서 함께 사라진 명확성을 정관사로 복원하기 위해서입니다.[3] ①에서 생략된 보통명사는 ocean, river, desert, hotel, ship인데, 예를 들어 ①-2에서 정관사를 사용하지 않고 Charles라고 한다면 Charles가 인명인지 강 이름인지 알 수 없게 됩니다.

①-1 You need to cross the Pacific to get to the U.S.
미국에 가려면 태평양을 건너야 해.

①-2 MIT and Harvard are right next to the Charles.
MIT와 하버드는 찰스강 바로 옆에 있어.

①-3 I haven't met anyone who's been to the Sahara.
사하라에 가 본 사람을 한 명도 만나 본 적이 없다.

①-4 We stayed at the Hilton in Hawaii in 2005.
2005년에 하와이에서 힐튼 호텔에 묵었어.

①-5 The Pilgrams came to America on the *Mayflower*.
필그램들은 메이플라워호를 타고 미국에 왔다.

고유명사 앞 관사 용법의 네 번째 규칙은 공공기관의 약자를 한 단어로 읽을 때는 무관사를 사용하는 것입니다.

② **Ø NASA** posted satellite images of the drifting mass on Aug. 23.
(COCA:2019:MAG)
미국 항공 우주국은 8월 23일에 표류하는 덩어리의 위성 이미지를 게시하였다.

NASA^{미국 항공 우주국} 앞에 정관사가 없는 이유는 NASA가 한 단어처럼 /ˈnæsə/ 로 발음하기 때문입니다. 한 단어로 읽으면 진정한 고유명사처럼 느껴지므로 무관사를 사용하는 것이죠. 반면에, WHO^{세계 보건 기구} 앞에는 정관사가 있는데, 그 이유는 WHO를 의문사 who처럼 한 단어로 읽지 않기 때문입니다.

③ **The WHO** estimates the annual human death toll to be more than 55,000. (COCA:2019:MAG)
세계 보건 기구는 매년 인간 사망자 수가 55,000명을 넘는다고 추산한다.

아래는 공공기관의 공식 명칭과 약자를 표로 정리한 것입니다. 모든 공식 명칭과 단어로 읽지 않는 약자가 문장에 사용될 때는 정관사와 함께 사용됩니다. 하지만 NASA, NATO, OPEC, UNICEF처럼 한 단어로 읽는 약자의 앞에는 정관사가 사용되지 않습니다.

〈공공기관의 공식 명칭과 약자〉

공식 명칭	the + 약자	공식 명칭	단어로 읽는 약자
the World Health Organization	the WHO 세계 보건 기구	the National Aeronautics and Space Administration	NASA 미국 항공 우주국
the United Nations	the UN 유엔	the North Atlantic Treaty Organization	NATO 북대서양 조약 기구
the Central Intelligence Agency	the CIA 미국 중앙 정보국	the Organization of the Petroleum Exporting Countries	OPEC 석유 수출 기구
the Federal Bureau of Investigation	the FBI 미국 연방 수사국	the United Nations International Children's Emergency Fund	UNICEF 유니세프

학술지명은 보통 정관사를 포함하지 않습니다. 하지만 of 전치사구를 포함하는 학술지명이 문장에 사용될 때는 앞에 정관사를 사용해야 합니다.

④ I have published two articles in the *Journal of Pragmatics*.
나는 〈화용론 저널〉에 두 편의 논문을 게재했다.

*Journal of Pragmatics*가 이탤릭체인 이유는 책 제목은 이탤릭체로 써야 하기 때문입니다. (①-5에서도 Mayflower가 이탤릭체로 쓰였는데, 선박의 이름도 이탤릭체로 씁니다.) 하지만 정관사는 학술지명에 속한 것이 아니므로 이탤릭체로 쓰지 않습니다.

그런데, Lawrence of Arabia, Leonardo da Vinci⁼ᵒᶠ ⱽⁱⁿᶜⁱ처럼 인명 뒤에 of 전치사가 오면 문장에서도 정관사를 사용하지 않습니다. 전체가 사람 이름같이 느껴지기 때문이죠. 다빈치가 레오나르도의 성으로 사용되는데 사실은 Vinci라는 마을 출신이라는 뜻입니다.

이 것 만 은 확 실 히 !

1 보통명사가 포함된 고유명사 앞에는 정관사를 사용하고, 보통명사가 생략되었을 때도 정관사를 사용한다.
   e.g. You need to cross the Pacific (Ocean) to get to the U.S.

2 공공기관의 약자를 한 단어로 읽을 때는 무관사를 사용한다.
   e.g. Ø NASA posted satellite images of the drifting mass on Aug. 23.

3 단어로 읽지 않는 약자가 문장에 사용되면 정관사를 사용한다.
   e.g. The WHO estimates the annual human death toll to be more than 55,000.

38 Reverend Kim 앞에 the를 쓰나 안 쓰나?

Q 다음 중 정관사와 함께 사용될 수 있는 것은 무엇일까요?

ⓐ Pastor Kim   ⓑ Reverend Kim

A Pastor와 Reverend는 모두 '목사님'이라는 뜻을 가진 타이틀로 사용될 수 있습니다. 타이틀 앞에는 무관사가 사용되므로 ⓐ와 ⓑ에 모두 관사가 없는 것이 정상인 것 같지만 Reverend 앞에는 주로 정관사를 사용합니다. 그 이유는 Reverend는 원래 형용사이고, 형용사가 인명을 꾸며 줄 때는 정관사를 사용하는 것이 원칙이기 때문입니다. 따라서, 정답은 ⓑ입니다.

타이틀 앞에는 무관사를 사용합니다. ①에서 Pastor와 President 앞에 무관사가 사용된 것도 이 두 단어가 모두 타이틀로 사용되었기 때문입니다.

① Ø Pastor Wang, second from right, met Ø President George W. Bush at the White House in 2006. (COCA:2019:NEWS)
오른쪽에서 두 번째인 왕 목사는 2006년 백악관에서 조지 W. 부시 대통령을 만났다.

그런데 Pastor와 달리 Reverend 앞에는 정관사가 사용됩니다.

② On occasion, Walker would compare himself to the Reverend Martin Luther King Jr. (COCA:2014:MAG)
워커는 가끔 자신을 마틴 루터 킹 목사와 비교하곤 했다.

다른 타이틀과 달리 Reverend가 정관사와 함께 사용되는 이유는 Reverend 는 '존귀한'이란 뜻의 형용사이기 때문입니다. 사람 이름이 형용사의 꾸밈을 받으면 정관사를 사용하는 것이 원칙이므로 정관사를 사용하는 것이죠. 물론 ③에서처럼 Reverend가 호칭어로 사용되면 정관사를 생략합니다.

③ "Tell me that ain't a sign from God, Ø Reverend," the store owner said, facing the river as well. (COCA:2019:FIC)
"신의 징조가 아니라고 말씀해 주시죠, 목사님." 가게 주인도 강을 바라보며 말했다.

형용사가 인명을 꾸며 줄 때는 정관사를 사용하는 것이 원칙이지만, 생략도 가능합니다.

④ (The) young Shakespeare would not have written that.[4]
젊은 셰익스피어라면 그런 글을 쓰지 않았을 겁니다.

고유명사인 Shakespeare가 지칭하는 사람은 한 명이지만, Shakespeare를 young으로 꾸며 주면 젊은 셰익스피어와 젊지 않은 셰익스피어로 구분할 수 있습니다. young 앞에 정관사를 사용하면 젊은 셰익스피어와 젊지 않은 셰익스피어의 대조를 나타내는데, 무관사를 사용하면 이 대조의 느낌이 없어집니다.

Ø old Mrs. Fletcher, Ø dear little Eric, Ø poor Charles에서처럼 화자의 감정emotive coloring을 나타내는 형용사(old, dear, little, poor 등)가 주로 무관사와 함께 사용되는 이유도 이런 형용사는 꾸며 주는 이름의 대상을 두 명으로 구분하지 않기 때문입니다.[5]

대중적인 서술 기법popular narrative style에서는 ⑤에서처럼 형용사의 꾸밈을 받은 이름 앞에 부정관사를 사용할 수도 있습니다.

⑤ Reporters hounded an embarrassed Ben Miles over his TV gaffe last week, and in reply to one questioner the unhappy Miles made things still worse.⁶

기자들은 지난주 TV에서 저지른 그의 실수에 대해 그래서 창피해하는 벤 마일즈를 괴롭혔고, 한 질문자에게 답변하면서 기분이 나쁜 마일즈는 상황을 더욱 악화시켰습니다.

이름은 원래 고유명사지만, 앞에 형용사가 사용되면 그 이름은 셀 수 있는 보통명사처럼 느껴지기도 합니다. 그래서 부정관사도 사용이 가능한 것이죠. ⑤에서는 an embarrassed Ben Miles와 the unhappy Miles가 같은 사람이라는 것이 확실하지만, ⑥은 그렇지 않습니다.

⑥ A young Shakespeare would not have written that.

A young Shakespeare는 The young Shakespeare와 같이 '젊은 셰익스피어'를 뜻할 수도 있고 '젊은 셰익스피어 같은 사람'을 뜻할 수도 있습니다. '젊은 셰익스피어'를 뜻할 때 부정관사를 사용하는 것=a young Shakespeare은 대중적이고 비격식적인 서술 기법입니다.

반면에, 정관사를 사용하면=the young Shakespeare 격식 있는 표현이 되므로 셰익스피어의 인생을 분석하는 학술 논문에서는 정관사를 사용하겠죠. ④에서 논의한 바와 같이 무관사도 가능한데, 무관사는=young Shakespeare 좀 시적이고 문학적 느낌이 듭니다.

Ø downtown Los Angeles, Ø suburban Atlanta, Ø ancient Rome에서처럼 형용사가 지명을 꾸며 줄 때는 주로 무관사가 사용됩니다.⁷ 예를 들어, COCA에서 ancient Rome은 479회 검색되는데 ⑦을 제외한 모든 예는 무관사와 함께 사용되었습니다.

⑦ **No, his was the ancient Rome born of the god of war.** (COCA:2019:FIC)
  = the ancient Rome that is born of the god of war
  아니. 그가 속했던 로마는 전쟁의 신에게서 태어난 고대 로마였다.

⑦에 정관사가 사용된 이유는 ancient Rome이 뒤에서 born of the god of war의 꾸밈을 받기 때문입니다.

기본적으로 정관사는 '친숙하지 않은' 고유명사 앞에 사용됩니다. 좋은 예로 ⑧에서는 무관사가 사용되었는데, ⑨에서는 정관사가 사용된 것을 볼 수 있습니다. '새로운' 한국은 친숙하지 않기 때문이죠.

⑧ **Motherhood itself comes to symbolize the distorted history of Ø modern Korea.** (COCA:2006:ACAD)
  모성 그 자체는 현대 한국의 왜곡된 역사를 상징하게 된다.

⑨ **The new Korea will likely seek greater independence in its relationship with the United States.** (COCA:2003:ACAD)
  새로운 한국은 미국과의 관계에서 더 큰 자율성을 추구할 가능성이 크다.

modern Korea와 the modern Korea는 모두 가능합니다. modern Korea가 훨씬 자주 사용되지만, 전통적인 한국과 대조하고 싶거나 ⑦에서처럼 뒤에서 꾸밈을 받으면 the modern Korea도 가능합니다.

반면에, new Korea는 불가능합니다. modern은 modern China, modern Europe과 같이 지명과 자주 사용되는 형용사입니다. 하지만 new는 지명과 자주 사용되지 않는 형용사입니다.

modern Korea는 현존하는 한국의 일반적인 명칭이지만 the new Korea는 현존하지 않는 상상된 한국을 지칭하죠. '친숙하지 않기 때문에' the가 사용되어야 하는 것입니다.

이 규칙을 통해 왜 형용사가 인명을 꾸며 줄 때는 주로 정관사를 사용하고 지명을 꾸며 줄 때는 주로 무관사를 사용하는지도 추론할 수 있습니다. 다양한 인명보다는 숫자가 적은 지명을 자주 접하다 보니 친숙감을 느껴 무관사를 사용하는 것이라고 설명할 수 있죠.

이것만은 확실히!

1 형용사가 인명을 꾸며 줄 때는 정관사를 사용하는 것이 원칙이다.
   e.g. the Reverend Kim vs. Pastor Kim

2 화자의 감정을 나타내는 형용사가 인명을 꾸며 줄 때는 주로 무관사와 함께 사용된다.
   e.g. Ø dear little Eric, Ø poor Charles

3 형용사가 지명을 꾸며 줄 때는 주로 무관사가 사용된다.
   e.g. Ø ancient Rome, Ø modern Korea

Batman이 원래는 the Batman이었다고?

Q 다음은 영화 〈어벤져스〉와 그 후속편들의 원제입니다. 그런데 왜 2012년에 개봉한 첫 번째 영화의 제목에만 정관사가 사용되었을까요?

2012	2015	2018	2019
The Avengers	Ø Avengers: Age of Ultron	Ø Avengers: Infinity War	Ø Avengers: Endgame

A The Avengers는 복수고유명사이므로 당연히 정관사와 함께 사용되어야 합니다. 그런데 3편의 후속편 제목에서 모두 정관사가 빠진 이유는 Avengers가 친숙한 고유명사가 되었기 때문입니다. 고유명사가 친숙해지면 정관사가 생략되는 경향이 있습니다.

2005년에 개봉한 배트맨 영화의 제목은 〈Ø Batman Begins〉였습니다. 그런데 왜 2022년에 개봉한 배트맨 영화의 제목은 〈The Batman〉일까요? 배트맨이 1939년 DC Comics에 처음 등장하였을 때는 the Batman으로 불렸기 때문입니다.

Batman은 보통명사가 포함된 고유명사이므로 정관사를 사용하는 것이 맞습니다. 하지만 the Batman이 독자들에게 친숙해지면서 정관사가 없어졌습니다. 다음의 2005년에 시작한 배트맨 영화 3부작의 제목입니다.

2005	2008	2012
Ø Batman Begins	The Dark Knight	The Dark Night Rises

〈Batman Begins〉의 2008년과 2012년 후속편의 제목에는 모두 정관사가 사용된 이유는 Batman의 별명인 the Dark Knight는 친숙한 이름이 아니기 때문입니다.

페이스북이 2004년에 처음 등장했을 때 공식 명칭은 Thefacebook이었습니다. 처음에는 하버드 학생들만 사용한 웹 사이트였지만 외부 사용자가 많아지고 이 고유명사가 일반인에게 친숙해지면서 2005년부터 페이스북의 공식 명칭에서 정관사가 사라지게 됩니다.[8]

이처럼 친숙해진 단어 앞에서 무관사가 사용되는 것을 '무관사의 친밀한 용법 intimate use of zero'이라고 합니다.[9] 친숙도에 의해 관사의 용법이 정해지는 예는 ①에서도 찾을 수 있습니다.

① In 1965-1968 she attended Ø York University, (the) Hatfield Polytechnic, the Paris Conservatoire.[10]
1965년부터 1968년까지 그녀는 요크 대학교, 해트필드 폴리테크닉, 파리 음악원에 다녔다.

영국인들에게 York University는 익숙한 이름이므로 무관사가 사용되지만, 덜 익숙한 대학명인 Hatfield Polytechnic에는 정관사가 사용될 확률이 높고, 프랑스에 있는 the Paris Conservatoire 앞에는 항상 정관사가 사용된다고 합니다.

마찬가지로 Oxford University, Hull Station, Birmingham Airport처럼 주요 공공기관명 앞에는 정관사를 사용하지 않지만, (The) East Oxford Community Centre처럼 비교적 잘 알려지지 않은 기관의 명칭에는 정관사를 사용할 확률이 높다고 합니다.[11]

미국 영어에서도 친숙도에 따라 관사의 사용이 달라집니다. Brentwood Country Club은 UCLA 대학 근처에 있는 회원제 골프・테니스 클럽입니다. 이 클럽의 회원은 Brentwood Country Club이라는 이름에 친숙하므로 ②에서처럼 정관사를 사용하지 않습니다.

② I played golf at Ø Brentwood Country Club yesterday.
나는 어제 브렌트우드 컨트리클럽에서 골프를 쳤어.

하지만 이 클럽에 친숙하지 않은 사람은 Brentwood Country Club 앞에 정관사를 사용할 확률이 높습니다.[12] 보통명사가 포함된 고유명사에서 정관사가 사라지는 과정은 다음과 같이 설명할 수 있습니다.

〈고유명사에서 정관사가 사라지는 과정〉[13]

the Oxford road → the Oxford Road → Ø Oxford Road → Ø Oxford

처음에는 보통명사인 road가 소문자로 시작하고 정관사와 함께 사용됩니다. 그리고 곧 road가 대문자로 바뀝니다. 시간이 흘러 the Oxford Road에 익숙해지면 정관사가 사라지고 끝내는 Road마저 사라지는 것이죠.

철도가 처음 생겼을 때는 사람들이 역명에 익숙하지 않았으므로 모두 정관사가 사용되었습니다. 하지만 역명에 익숙해지면서 정관사가 사라지게 된 것입니다.[14]

지명이나 인명을 포함하는 공공건물의 명칭에는 무관사를 사용한다고 설명하는 문법책도 있는데[15] the Guggenheim Museum은 인명을 포함하는데 the가 있고 Central Park는 지명 또는 인명을 포함하지 않는데 the가 없습니다.

③ He donated heavily to the Guggenheim Museum last year.
(COCA:2007:NEWS)
그는 작년에 구겐하임 미술관에 많은 기부를 하였다.

④ In the winter, he invited friends to ice skate in Ø Central Park.
(COCA:2015:NEWS)
겨울에 그는 친구들을 초대해 센트럴 파크에서 아이스 스케이트를 탔다.

보통명사가 포함된 고유명사 앞에는 정관사를 사용하는 것이 원칙입니다. 따라서 museum과 park를 포함하면 모두 정관사와 함께 사용되는 것이 맞는데, 미술관보다는 공원에 가는 사람이 더 많으므로 공원이 더 친숙해서 Central Park에는 정관사가 없는 것입니다.

⑤ I went to Ø Harvard Square yesterday.
나는 어제 하버드 광장에 갔어.

⑥ I went to the Huntington Library yesterday.
나는 어제 헌팅턴 도서관에 갔어.

마찬가지로 사람들이 광장에는 자주 가서 친숙하지만, 도서관에는 비교적 자주 가지 않으므로 ⑤에는 무관사, ⑥에는 정관사가 사용되었습니다.

다음은 영어 화자들이 어떤 장소를 친숙하게 느끼고 친숙하게 느끼지 않는지 표로 정리한 것입니다. 물론 화자가 느끼는 친숙도에 따라 관사의 용법이 달라질 수도 있습니다. 예를 들어, COCA에서 Ø L.A. Airport는 2회만 검색되고 the L.A. Airport는 9회가 검색됩니다. 따라서 표를 외우려 하지 말고, 자주 다니는 도로보다는 고속도로가 덜 친숙하고, 공원과 광장보다는 미술관과 공연장 등이 덜 친숙하다는 식으로 참고하면 좋겠습니다.

〈친숙해서 무관사와 함께 사용되는 고유명사〉

장소	예
학교	South Forsyth Middle School, Gardena High School, Emory University, Columbia University
공원	Central Park, Golden Gate Park, Yosemite National Park, Yellowstone National Park
광장	Gwanghwamun Square, Times Square, Porter Square, Harvard Square
역	Seoul Station, Paddington Station, Union Station, Grand Central Terminal
공항	Incheon International Airport, Los Angeles International Airport, Logan International Airport, LaGuardia Airport
성	Windsor Castle, Leeds Castle, Kimbolton Castle, Edinburgh Castle
궁전	Buckingham Palace, Blenheim Palace, Richmond Palace, Hampton Court Palace
교회	Lincoln Cathedral, Durham Cathedral, Canterbury Cathedral, Salisbury Cathedral

〈친숙하지 않아서 정관사와 함께 사용되는 고유명사〉

장소	예
외국, 성, 궁전, 도시 등	the Forbidden City, the Vatican, the Kremlin, The Hague (The는 The Hague의 고유한 일부로 간주, 항상 대문자로 시작)
고속도로	the 405, the Massachusetts Turnpike, the Garden Sate Parkway, the Cross Bronx Expressway
도서관	the British Library, the Huntington Library, the New York Public Library, the Ronald Reagan Presidential Library

미술관/박물관	the Getty Museum, the Guggenheim Museum, the Louvre Museum, the National Gallery
공연장	the Globe Theatre, the National Theatre, the Hollywood Bowl, the Sydney Opera House

이것만은 확실히!

1 친숙한 고유명사 앞에서는 정관사를 생략한다.
   e.g. the Batman → Ø Batman

2 보통명사가 포함된 고유명사와는 정관사를 사용하는 것이 원칙이니 무관사와 함께 사용되는 고유명사에 유의한다.
   e.g. Emory University, Central Park, Time Square, Incheon International Airport, Leeds Castle, Buckingham Palace, Canterbury Cathedral

셰익스피어도 관사가 헷갈렸다고?

Q 아래 두 문장 중 ⓐ에는 무관사가 사용되고 ⓑ에는 정관사가 사용된 이유는 무엇일까요?

ⓐ I've never been to Ø Lake Erie.
  나는 이리호에 가 본 적이 없어.

ⓑ We crossed the Charles River to get to Boston from MIT.
  우리는 MIT 대학에서 찰스강을 보스턴으로 갔다.

A 호수는 형태가 분명해서 관사가 필요하지 않습니다. 하지만 강은 어디서 시작해서 어디서 끝나는지 형태가 불분명해서 정관사와 함께 사용됩니다. 정관사는 불특정한 형태를 특정하게 해 주는 기능이 있기 때문입니다.[16]

무관사와 함께 사용되는 대표적인 지형은 '산, 섬, 호수, 만'입니다. 이들은 모두 형태가 분명하다는 공통점이 있습니다. 형태가 분명한 지형 고유명사가 무관사와 함께 사용되는 이유는 Lesson 39에서 배운 친숙한 고유명사가 무관사와 함께 사용되는 것과 연관 있습니다. 형태가 분명하므로 익숙해져서 무관사와 함께 사용되는 것이죠.

다음은 형태가 분명해서 무관사와 함께 사용되는 고유명사를 표로 정리한 것입니다.

〈형태가 분명해서 무관사와 함께 사용되는 고유명사〉

지형	예
산	Mount Halla, Mount Everest, Stone Mountain, Mont Blanc
섬	Jeju Island, Jekyll Island, Long Island, Ellis Island
호수	Lake Tahoe, Lake Erie, Echo Lake, Yellowstone Lake
만	Green Bay, Monterey Bay, Cape Cod Bay, San Francisco Bay

정관사의 기본적인 용법은 특정한 명사와 함께 사용하는 것인데, 이건 다시 말하면 정관사가 특정하지 않은 명사를 특정하게 해 준다는 뜻입니다. 따라서 정관사는 불특정한 형태를 특정하게 해 주는 기능이 있습니다.

호수와 만에 비해 바다와 강은 형태가 분명하지 않습니다. 어디서 시작해서 어디서 끝나는지 정확히 구분하기가 쉽지 않죠. 그래서 바다와 강의 이름에는 정관사를 함께 사용하여 불특정한 형태를 특정하게 해 주는 것입니다.

그런데, 사실 무관사와 함께 사용되는 위 네 지형을 외우면 반도(the Korean Peninsula, the Iberian Peninsula), 산맥(the Himalayas, the Appalachian Mountains), 해협(the Bering Strait, the English Channel), 운하(the Corinth Canal, the Panama Canal) 등의 지명은 모두 복수거나 보통명사를 포함해서 정관사가 사용된 것으로 생각하면 됩니다.

Lesson 37에 제시된 고유명사 앞에 사용되는 관사의 용법을 다시 한번 정리하면 다음과 같습니다.

〈고유명사 관련 관사 용법〉

여덟 가지 규칙	예
1. 복수 고유명사 앞에는 정관사를 사용한다.	the Netherlands
2. 보통명사가 포함된 고유명사 앞에는 정관사를 사용한다.	the United Kingdom
3. 보통명사가 생략되었을 때도 정관사를 사용한다.	the Pacific (Ocean)
4. 공공기관의 약자를 한 단어로 읽을 때는 무관사를 사용한다.	Ø NASA vs. the WHO
5. 형용사가 인명을 꾸며 줄 때는 주로 정관사를 사용한다.	the Reverend Martin Luther King Jr.
6. 형용사가 지명을 꾸며 줄 때는 주로 무관사를 사용한다.	Ø modern Korea
7. 친숙한 고유명사 앞에는 정관사를 생략한다.	the Batman → Ø Batman
8. 형태가 분명한 지형 관련 고유명사 앞에는 무관사를 사용한다.	Ø Mount Halla, Ø Lake Tahoe

위 여덟 가지 규칙을 기억하면 대다수 고유명사가 왜 정관사 또는 무관사와 사용되었는지를 이해할 수 있습니다. 하지만 아쉽게도 위 규칙으로 설명되지 않는 것들도 있습니다.

ⓐ The Boston Globe, The Washington Post, The New York Times 와 같은 신문 이름에는 정관사가 붙는데 Time, Newsweek, National Geographic과 같은 잡지 이름에는 정관사가 붙지 않습니다.[17]

ⓑ the *Mayflower*처럼 배 이름에는 정관사가 붙는데 *Apollo 13*과 같은 우주선 이름에는 보통 정관사가 붙지 않습니다.

ⓒ Tower Bridge와 London Bridge에는 관사가 없는데 the Bay Bridge

와 the Brooklyn Bridge에는 관사가 있습니다. (Tower Bridge와 London Bridge는 영국에 있고, the Bay Bridge와 the Brooklyn Bridge는 미국에 있습니다.)

①은 이렇게 규칙으로 설명할 수 없는 예들이 존재하는 이유 중 하나입니다.

① **The use of *the* with ship and boat names depends on readability and personal preference.**[18]
선박 및 보트 이름과 함께 정관사를 사용하는 것은 가독성과 개인적 선호도에 따라 달라진다.

잡지 〈National Geographic〉의 Style Manual에서 발췌한 문장인데, 배의 이름 앞에 정관사를 붙이는 것은 가독성과 개인 취향에 맡긴다고 합니다.

열심히 규칙을 공부했는데 규칙을 따르지 않는 용법이 있다니 기운이 빠지나요? 저는 정관사를 이해하려고 응용언어학 대학원에 진학하였고, 30년 가까이 정관사를 공부하였는데도 아직 이해되지 않는 용법이 있어 지금도 정관사 관련 연구를 하고 있습니다.

가끔 허무한 생각이 들 때면 25년 전 석사 논문을 준비하며 오래된 원서에서 발견한 다음 문장을 떠올리며 다시 희망을 품습니다.

② **Shakespeare hesitated between *mount* and *the mount* used before a proper noun.**[19]
셰익스피어도 고유명사 앞에서 mount와 the mount를 써야 할지 망설였다.

이 것 만 은 확 실 히 !

1 형태가 분명한 지형의 이름은 무관사와 함께 사용된다.
　　e.g. Mount Halla, Jeju Island, Lake Tahoe, Green Bay

2 관사의 사용은 가독성과 개인적 선호도에 따라 달라지기도 한다.

참고문헌

Part 1

1. Thomas, M. (2011, p. 46). *Fifty key thinkers on language and linguistics*. New York: Routledge.
2. Celce-Murcia, M., Brinton, D. M., & Goodwin, J. M. (2010, p. 166). *Teaching pronunciation: A course book and reference guide* (2nd ed.). Cambridge: Cambridge University Press.
3. Halliday, M. A. K., & Hasan, R. (1976, p. 71). *Cohesion in English*. New York: Longman.
4. Cowan, R. (2008, p. 228) *The teacher's grammar of English*. Cambridge: Cambridge University Press.
5. 한학성. (2017, p. 64). *다시 깊고 더한 영어 관사의 문법*. 서울: 채륜.
6. Retrieved May 19, 2025, from https://www.korean.go.kr/front/onlineQna/onlineQnaView.do?mn_id=216&qna_seq=283842
7. Retrieved May 19, 2025, from https://www.plainkorean.kr/ko/part/change.do?articleNo=28714&mode=view&title=~들이#!/list
8. Lyons, C. (1999, 306). *Definiteness*. Cambridge: Cambridge University Press.
9. Lyons, C. (1999, p. 233). *Definiteness*. Cambridge: Cambridge University Press.
10. Retrieved October 19, 2020, from https://www.goodreads.com/quotes/979463-once-upon-a-time-there-lived-a-boy-and-a
11. Klages-Kubitzki, M. (1995, p. 85). *Article usage in English: A computer-based self-teaching programme on the basis of a functional theory of reference*. Peter Lang: Frankfurt am Main.
12. Liu, D., & Gleason, J. L. (2002, p. 559). Acquisition of the article *the* by nonnative speakers of English: An analysis of four nongeneric uses. *Studies in Second Language Acquisition, 24*(1), 1-26.

Part 2

1. Aarts, B. (2011, p. 43). *Oxford modern English grammar*. Oxford: Oxford University Press.
2. Quirk, R., Greenbaum, S., Leech, G., and Svartvik, J. (1985, p. 247). *A comprehensive grammar of the English language*. New York: Longman.
3. *COBUILD English grammar* (4th ed.). (2017, p. 49). Glasgow, UK: HarperCollins Publishers.
4. Trump, D., & Bohner, K. (1997, p. xi). *Trump: The art of the comeback*. New York: Times Books.
5. Retrieved on October 3, 2020, from https://www.washingtonpost.com/news/arts-and-entertainment/wp/2015/09/01/why-does-everyone-call-donald-trump-the-donald-its-an-interesting-story/

6. Larsen-Freeman, D., & Celce-Murcia, M. (2016, p. 283). *The grammar book: Form, meaning, and use for English language teachers* (3rd ed.). Boston: National Geographic Learning.
7. Cowan, R. (2008, p. 214) *The teacher's grammar of English*. Cambridge: Cambridge University Press.
8. Chesterman, A. (1991, p. 56) *On definiteness: A study with special reference to English and Finnish*. Cambridge: Cambridge University Press.
9. Quirk, R., Greenbaum, S., Leech, G., and Svartvik, J. (1985, p. 275). *A comprehensive grammar of the English language*. New York: Longman.
10. Retrieved on October 23, 2020, from https://www.reuters.com/article/us-bush-grammar-idUSN2623880720070926
11. Carter, R, & McCarthy, M. (2006, p. 342). *Cambridge grammar of English*. Cambridge: Cambridge University Press.
12. Retrieved on October 23, 2020, from https://www.youtube.com/watch?v=b5_W2ecr0r4 (3:28)
13. Harari, Y. N. (2014, p. 5). *Sapiens: A brief history of humankind*. London: Vintage Books.
14. *COBUILD English grammar* (4th ed.). (2017, p. 19). Glasgow, UK: HarperCollins Publishers.
15. Retrieved October 10, 2020, from https://www.ucdavis.edu/news/uc-davis-and-bgi-complete-master-agreement-create-bgiuc-davis-genome-facility/
16. Berry, R. (1993, p. 7). *Collins COBUILD English guides 3: Articles*. London: HarperCollins Publishers.
17. Fromkin, V., Rodman, R., & Hyams, N. (2018, p. 343). *An introduction to language* (11th ed.). Boston: Cengage Learning.
18. Retrieved October 29, 2021, from https://edition.cnn.com/2021/09/27/asia/south-korea-dog-meat-ban-intl-hnk/index.html
19. Quirk, R., Greenbaum, S., Leech, G., and Svartvik, J. (1985, p. 307). *A comprehensive grammar of the English language*. New York: Longman.
20. Allen, R. (Ed.). (2008, p. 2). *Pocket Fowler's modern English usage* (2nd ed.). Oxford: Oxford University Press.
21. Retrieved on November 16, 2020, from https://theeditorsblog.net/2016/06/22/couples-policy/
22. Larsen-Freeman, D., & Celce-Murcia, M. (2016, p. 337). *The grammar book* (3rd ed.). Boston: National Geographic Learning.
23. Yoo, I. W., & Shin, Y. K. (2020, p. 104). Determiner use in English quantificational expressions: A corpus-based study. *TESOL Quarterly, 54*(1), 90-117.
24. *Collins COBUILD English Guides 10: Determiners & Quantifiers* by R. Berry (1997, p. 69)
25. Huddleston, R., & Pullum, G. K. (2002, p. 504). *The Cambridge grammar of the English language*. Cambridge: Cambridge University Press.
26. Leech, G., & Svartvik, J. (2002, p. 42). *A communicative grammar of English* (3rd ed.). New York: Longman.

27. Cater, R., McCarthy, M., Mark, G., & O'Keeffe, A. (2011, p. 7). *English grammar today*. Cambridge: Cambridge University Press.
28. Berry, R. (1993, p. 12). *Collins COBUILD English guides 3: Articles*. London: HarperCollins Publishers.
29. Swales, J. M., & Feak, C. B. (2012, p. 397). *Academic writing for graduate students: Essential tasks and skills* (3rd ed.). Ann Arbor: The University of Michigan Press.
30. Berry, R. (1993, p. 21). *Collins COBUILD English guides 3: Articles*. London: HarperCollins Publishers.
31. *Oxford Advanced Learner's Dictionary* (9th ed.). (2015, p. 437). Oxford: Oxford University Press.
32. Allan, K. (1980, pp. 555-563). Nouns and countability. *Language, 56*, 541-567.
33. Swales, J. M., & Feak, C. B. (2004, p. 292). *Academic writing for graduate students: Essential tasks and skills* (2nd ed.). Ann Arbor: University of Michigan Press.

Part 3

1. Retrieved October 30, 2018, from http://thenorsegods.com/the-treasures-of-the-gods/
2. Yoo, I. W. (in press). Nongeneric uses of the English definite article: A clash between theory and pedagogy.
3. Biber, D., Johansson, S., Leech, G., Conrad, S., & Finegan, E. (1999, p. 266). *Longman grammar of spoken and written English*. Harlow, UK: Pearson Education.
4. Hawkins, J. (1978, p. 117). *Definiteness and indefiniteness*. Atlantic Highlands, NJ: Academic Press.
5. Golding, W. (1959, p. 5). *Lord of the flies*. New York: Capricorn Books.
6. Berry, R. (1993, p. 34). *Collins COBUILD English guides 3: Articles*. London: HarperCollins Publishers.
7. Faulker, W. (1931, p. 1). *Sanctuary*. New York: Random House.
8. Larsen-Freeman, D., & Celce-Murcia, M. (2016, p. 289). *The grammar book* (3rd ed.). Boston: National Geographic Learning.
9. Quirk, R., Greenbaum, S., Leech, G., and Svartvik, J. (1985, p. 272). *A comprehensive grammar of the English language*. New York: Longman.
10. Russell, B. (1905, p. 485). On denoting. *Mind, 14*(56), 479-493.
11. Master, P. (1990, pp. 472-473). Teaching the English articles as a binary system. *TESOL Quarterly, 24*(3), 461-478.
12. Roberts, I. (1997, p. 88). *Comparative syntax*. London: Arnold.
13. Christophersen, P. (1939, pp. 148-149). *The articles: A study of their theory and use in English*. Copenhagen: Einar Munksgaard.
14. Leech, G., & Svartvik, J. (2002, p. 55). *A communicative grammar of English* (3rd ed.). New York: Longman.
15. Hewson, J. (1972, p. 103). *Article and noun in English*. The Hague: Mouton.

16. Leech, G., & Svartvik, J. (2002, p. 55). *A communicative grammar of English* (3rd ed.). New York: Longman.
17. 문용. (2017, p. 347). 고급영문법해설(제4판). 서울: 박영사.
18. *Collins COBUILD English usage* (2nd ed.). (2004, p. 471). Glasgow, UK: HarperCollins Publishers.
19. M. Barrie, personal communication, November 13, 2020.
20. Berry, R. (1993, p. 42). *Collins COBUILD English guides 3: Articles*. London: HarperCollins Publishers.
21. Quirk, R., Greenbaum, S., Leech, G., and Svartvik, J. (1985, pp. 269-230). *A comprehensive grammar of the English language*. New York: Longman.
22. Celce-Murcia, M., & Larsen-Freeman, D. (1999, p. 784). *The grammar book* (2nd ed.). Boston: Heinle & Heinle.
23. Swan, M. (2016, entry 141.6). *Practical English usage* (4th ed.). Oxford: Oxford University Press.
24. Berry, R. (1993, p. 45). *Collins COBUILD English guides 3: Articles*. London: HarperCollins Publishers.
25. Swan, M. (2016, entry 141.5). *Practical English usage* (4th ed.). Oxford: Oxford University Press.
26. Carlson, G., & Sussman, R. (2005). Seemingly indefinite definites. In *Linguistic evidence: Empirical, theoretical, and computational perspectives*, S. Kespar & M. Reis (eds), 71-85. Berlin: Mouton de Gruyter.
27. A. G. Willers, personal communication, November 12, 2020.
28. M. Barrie, personal communication, November 12, 2020.
29. Liu, D., & Gleason, J. L. (2002, p. 5). Acquisition of the article the by nonnative speakers of English: An analysis of four nongeneric uses. *Studies in Second Language Acquisition, 24*(1), 1-26.
30. Thewlis, S. H. (2000, p. 312). *Grammar dimensions 3: Form, meaning, and use* (Platinum ed.). Boston: Heinle & Heinle.
31. Chomsky, N. (2000, p. 7). *New horizons in the study of language and mind*. Cambridge: Cambridge University Press.
32. Chomsky, N. (2000, p. 118). *New horizons in the study of language and mind*. Cambridge: Cambridge University Press.
33. Berry, R. (1993, p. 36). *Collins COBUILD English guides 3: Articles*. London: HarperCollins Publishers.
34. Hawkins, J. (1978, pp. 215-216). *Definiteness and indefiniteness*. Atlantic Highlands, NJ: Academic Press.
35. Hewson, J. (1972, p. 101). *Article and noun in English*. The Hague: Mouton.
36. Master, P. (1996, p. 218). *Systems in English grammar: An introduction for language teachers*. Englewood Cliffs, NJ: Prentice-Hall.

37 Master, P. (1996, p. 218). *Systems in English grammar: An introduction for language teachers*. Englewood Cliffs, NJ: Prentice-Hall.

38 Frodesen, J. & Eyring, J. (2000, p. 87). *Grammar dimensions 4: Form, meaning, and use* (Platinum ed.) Boston: Heinle & Heinle.

39 Swan, M. (2016, entry 141.1). *Practical English usage* (4th ed.). Oxford: Oxford University Press.

40 Ibid., entry 141.2

41 Retrieved on November 10, 2020, from https://en.wikipedia.org/wiki/Gorilla.

42 문용. (2017, p. 261). *고급영문법해설* (제4판). 서울: 박영사.

43 Plato. (1948, pp. 67-68). *Euthyphro, Apology, Crito* [plus *Phaedo*] (F.J. Church, Trans.). Upper Saddle River, NJ: Prentice-Hall.

44 Kamkwamba, W., & Mealer, B. (2009, p. 2). *The boy who harnessed the wind: Creating currents of electricity and hope*. New York: HarperCollins Publishers.

45 DeWitt, D. (2017, p. 3). *Da Vinci's kitchen: A secret history of Italian cuisine*. Albuquerque, NM: Sunbelt Editions.

46 Quirk, R., Greenbaum, S., Leech, G., and Svartvik, J. (1985, p. 1304). *A comprehensive grammar of the English language*. New York: Longman.

47 Ibid., p. 1316

48 Retrieved September 29, 2020, from https://www.pgatour.com/news/2019/11/07/tiger-woods-analysis-presidents-cup-picks-playing-captain-news-notes.html

49 Retrieved October 6, 2020, from https://www.theguardian.com/sport/2010/dec/24/gillette-ends-contract-tiger-woods

50 Gaiman, N. (2017, p. 256). *Norse mythology*. New York: Bloomsbury.

51 Leech, G., & Svartvik, J. (2002, p. 55). *A communicative grammar of English* (3rd ed.). New York: Longman.

52 Quirk, R., Greenbaum, S., Leech, G., and Svartvik, J. (1985, p. 423). *A comprehensive grammar of the English language*. New York: Longman.

53 Biber, D., Johansson, S., Leech, G., Conrad, S., & Finegan, E. (1999, p. 520). *Longman grammar of spoken and written English*. Harlow, UK: Pearson Education.

54 Retrieved on May 6, 2025, from https://x.com/NYPDnews/status/1627733300675547152

55 Barthes, R. (1972, p. 215). *Critical essays* (R. Howard, Trans.). Evanston, IL: Northwestern University Press. (Original work published 1964)

56 Julien, P. (1994, p. xvii). *Jacques Lacan's return to Freud: The real, the symbolic, and the imaginary* (D. V. Simiu, Trans.). New York: New York University Press.

57 Hewson, J. (1972, p. 102). *Article and noun in English*. The Hague: Mouton.

58 Berry, R. (1993, p. 72). *Collins COBUILD English guides 3: Articles*. London: HarperCollins Publishers.

59 Quirk, R., Greenbaum, S., Leech, G., and Svartvik, J. (1985, p. 290). *A comprehensive grammar of the English language*. New York: Longman.

60 Retrieved on November 22, 2020, from https://www.esquire.com/entertainment/movies/a28719106/how-thanos-could-break-captain-americas-shield-explained-by-avengers-endgame-director/

61 Retrieved on November 22, 2020, from https://www.insider.com/avengers-endgame-directors-on-captain-americas-shield-decision-2019-5

62 Retrieved on November 18, 2020, from https://www.mentalfloss.com/article/62962/11-things-you-might-not-know-about-lord-flies

63 Huddleston, R., & Pullum, G. K. (2002, p. 467). *The Cambridge grammar of the English language*. Cambridge: Cambridge University Press.

64 Ibid., pp. 469-470

Part 4

1 Golding, W. (1959, p. 134). *Lord of the flies*. New York: Capricorn Books.

2 Leech, G., & Svartvik, J. (2002, p. 252). *A communicative grammar of English* (3rd ed.). New York: Longman.

3 Quirk, R., Greenbaum, S., Leech, G., and Svartvik, J. (1985, p. 1313). *A comprehensive grammar of the English language*. New York: Longman.

4 Retrieved November 20, 2020, from https://www.theknot.com/content/who-holds-the-wedding-rings-before-the-ceremony#:~:text=The%20Best%20Man%20or%20the,off%20to%20someone%20you%20trust.

5 Berry, R. (1993, p. 52). *Collins COBUILD English guides 3: Articles*. London: HarperCollins Publishers.

6 Retrieved September 28, 2020, from https://linguistics.ucla.edu/noam-chomsky/

7 Leech, G., & Svartvik, J. (2002, p. 249). *A communicative grammar of English* (3rd ed.). New York: Longman.

8 Quirk, R., Greenbaum, S., Leech, G., and Svartvik, J. (1985, p. 276). *A comprehensive grammar of the English language*. New York: Longman.

9 Allen, R. (Ed.). (2008, p. 606). *Pocket Fowler's modern English usage* (2nd ed.). Oxford: Oxford University Press.

10 Bell, A. (1988, p. 330). The British base and the American connection in New Zealand media English. *American Speech* 63(4), 326-344.

11 채서영, 유원호. (2008, pp. 318-319). 영어의 타이틀과 한국어의 직함 호칭어: 조건과 발달과정 비교연구. *사회언어학 16*(1), 317-340.

12 Bloor, T., & Bloor, M. (2013, p. 65). *The functional analysis of English* (3rd ed.). London: Routledge.

13 Raimes, A. (1993, p. 251). Out of the woods: Emerging tradition in the teaching of writing. In S. Silberstein (Ed.), *State of the art TESOL essays: Celebrating 25 years of the discipline* (pp. 237-260). Illinois: Pantagraph Printing.

14. Quirk, R., Greenbaum, S., Leech, G., and Svartvik, J. (1985, p. 56). *A comprehensive grammar of the English language*. New York: Longman.
15. Hewson, J. (1972, p. 128). *Article and noun in English*. The Hague: Mouton.
16. Harari, Y. N. (2017, p. 170). *Homo deus: A brief history of tomorrow*. London: Vintage.
17. Larsen-Freeman, D., & Celce-Murcia, M. (2016, p. 304). *The grammar book* (3rd ed.). Boston: National Geographic Learning.
18. Hewson, J. (1972, p. 92). *Article and noun in English*. The Hague: Mouton.
19. Bolinger, D. (1980, p. 8). Syntactic diffusion and the indefinite article. Indiana University Linguistics Club. Bloomington: Indiana.
20. 한학성. (2017, p. 55). 다시 깊고 더한 영어 관사의 문법. 서울: 채륜.
21. Berry, R. (1993, p. 32). *Collins COBUILD English guides 3: Articles*. London: HarperCollins Publishers.
22. Retrieved on November 26, 2020, from https://en.wikipedia.org/wiki/The_North_Wind_and_the_Sun
23. Berry, R. (1993, p. 73). *Collins COBUILD English guides 3: Articles*. London: HarperCollins Publishers.
24. Retrieved on May 4, 2025, from https://www.merriam-webster.com/dictionary/none%20the
25. Retrieved on May 4, 2025, from https://www.merriam-webster.com/dictionary/%28the%29%20worse%20for%20wear
26. Biber, D., Johansson, S., Leech, G., Conrad, S., & Finegan, E. (1999, p. 903). *Longman grammar of spoken and written English*. Harlow: Longman.
27. Leech, G., & Svartvik, J. (2002, p. 125). *A communicative grammar of English* (3rd ed.). New York: Longman.
28. 문용. (2017, p. 345). 고급영문법해설 (제4판). 서울: 박영사.
29. Christophersen, P. (1939, p. 132). *The articles: A study of their theory and use in English*. Copenhagen: Einar Munksgaard.
30. Berry, R. (1993, p. 49). *Collins COBUILD English guides 3: Articles*. London: HarperCollins Publishers.
31. Retrieved on November 28, 2020, from https://www.cdc.gov/flu/symptoms/coldflu.htm
32. Swan, M. (2016, entry 119.7). *Practical English usage* (4th ed.). Oxford: Oxford University Press.
33. Quirk, R., Greenbaum, S., Leech, G., and Svartvik, J. (1985, pp. 279-280). *A comprehensive grammar of the English language*. New York: Longman.
34. Quirk, R., Greenbaum, S., Leech, G., and Svartvik, J. (1985, p. 279). *A comprehensive grammar of the English language*. New York: Longman.
35. Murphy, R. (2002, p. 292). *Basic grammar in use* (2nd ed.). Cambridge: Cambridge University Press.

36 *Collins COBUILD English usage* (2nd ed.). (2004, p. 263). Glasgow: HarperCollins Publishers.
37 Yoo, I. W. (2007). Five factors in interpreting *the last decade/century* and *the next decade/century* in American English. *Journal of Pragmatics, 39*(9), 1526-1546.
38 Allen, R. L., & Hill, C, A. (1979, p. 135). Contrast between Ø and *the* in spatial and temporal predication. *Lingua, 48*, 123-176.
39 *Collins COBUILD English usage* (2nd ed.). (2004, p. 264). Glasgow: HarperCollins Publishers.
40 Yoo, I. W. (2015, pp. 346-347). The non-deictic use of *previous* and *last*: A corpus-based study. *English Studies, 96*(3), 337-357.
41 Yoo, I. W. (2007, p. 101). Definite article usage before *last/next time* in spoken and written American English. *International Journal of Corpus Linguistics, 12*(1), 83-105.
42 Barrie, M., & Yoo, I. W. (2017, p. 504). Bare nominal adjuncts. *Linguistic Inquiry, 48*(3), 499-512.
43 홍정하, 유원호, 강병규. (2018, p. 148) *R*을 이용한 코퍼스 언어학 연구: 한국어, 영어, 중국어 시제와 상 연구를 중심으로. 서울: 역락.

Part 5

1 Retrieved May 21, 2025, from https://www.etymonline.com/search?q=philippines
2 Berry, R. (1993, p. 70). *Collins COBUILD English guides 3: Articles*. London: HarperCollins Publishers.
3 Hewson, J. (1972, p. 112). *Article and noun in English*. The Hague: Mouton.
4 Hewson, J. (1972, p. 107). *Article and noun in English*. The Hague: Mouton.
5 Quirk, R., Greenbaum, S., Leech, G., and Svartvik, J. (1985, p. 290). *A comprehensive grammar of the English language*. New York: Longman.
6 Ibid., p. 1240
7 Christophersen, P. (1939, p. 169). *The articles: A study of their theory and use in English*. Copenhagen: Einar Munksgaard.
8 Retrieved on November 23, 2020, from https://en.wikipedia.org/wiki/Facebook#2003%E2%80%932006:_Thefacebook,_Thiel_investment,_and_name_change
9 Hewson, J. (1972, p. 129). *Article and noun in English*. The Hague: Mouton.
10 Quirk, R., Greenbaum, S., Leech, G., and Svartvik, J. (1985, p. 295). *A comprehensive grammar of the English language*. New York: Longman.
11 Swan, M. (2016, entry 142.18). *Practical English usage* (4th ed.). Oxford: Oxford University Press.
12 Celce-Murcia, M., & Larsen-Freeman, D. (1999, p. 276). *The grammar book* (2nd ed.). Boston: Heinle & Heinle.
13 Quirk, R., Greenbaum, S., Leech, G., and Svartvik, J. (1985, p. 294). *A comprehensive grammar of the English language*. New York: Longman.

14. Christophersen, P. (1939, p. 178). *The articles: A study of their theory and use in English*. Copenhagen: Einar Munksgaard.
15. 장재진. (1995, p. 193). *Man-To-Man 종합영어 제1권*. 서울: 맨투맨.
16. Hewson, J. (1972, pp. 109-110). *Article and noun in English*. The Hague: Mouton.
17. Leech, G., & Svartvik, J. (2002, p. 376). *A communicative grammar of English* (3rd ed.). New York: Longman.
18. Retrieved on November 23, 2020, from https://sites.google.com/a/ngs.org/ngs-style-manual/home/S/ships-and-boats
19. Christophersen, P. (1939, p. 179). *The articles: A study of their theory and use in English*. Copenhagen: Einar Munksgaard.

memo

memo

memo

memo